後継者・右腕経営者のための
事業承継
7つのステップ

玄場 公規
内田 聡　著
栗原 浩一
山田 直樹

はじめに

　経済的に低迷している日本においても，未だ技術力・経営力に優れた企業は数多く存在している。また，大手上場企業のように莫大な資本力や多くの人材がいないにも関わらず，優れた中堅・中小企業が日本経済を下支えしている。しかしながら，今や多くの中小企業の一番の経営課題は事業承継とされており，今後20年間で3割程度の中小企業が廃業に追い込まれるとも言われている。

　もちろん，この課題を解決するため，政府のみならず産業界を挙げて，様々な支援策が用意されており，事業承継の方法を指南する文献も数多く提示されている。しかしながら，既存の文献の多くは，後継者不足などの一般的な事業承継の課題を指摘するか，有形資産の譲渡などの会計的な処理の具体的な手続きを解説したものにとどまっている。また，読者としては，事業承継を行う現経営者あるいは，それを支援する人材を想定しており，事業承継後の後継経営者の視点に立った文献は数少ない。例えば，事業承継の一番の課題は後継者を補佐する人材が見つからないことであると中小企業白書等のアンケート結果が示しているが，この点を明示的に指摘し，その解決の方向性を提示した書籍はほとんどない。

　数多くの文献が指摘しているように，有形資産の承継も重要であることは言うまでも無い。ただし，有形資産以外の承継，特に知的資産については，事業承継と関連付けて説明している文献は乏しく，実務においても，現経営者や後継者がその重要性に気付いていないことが多い。そして，知的資産の中でも，本書では経営理念に焦点を当てている。事業承継とは，当たり前のことであるが，経営者の交代である。大企業であ

れば，経営者の交代は数年に一度の定期的な出来事であり，組織形態も強固であるため，極端に言えば，経営者の交代はあまり企業活動に大きな影響を与えないかもしれない。しかし，中小企業にとっては，経営者の交代は数十年に一度の出来事であり，組織形態も流動的であり，組織のトップが変わることで，組織活動の連続性が失われる可能性もある。すなわち，事業承継によって企業の成長を望むどころか，組織としての一体感を喪失し，今後の方向性を見失うことも十分あり得る。そのため，事業承継時こそ，経営理念を見直し，企業組織としての存在意義を再確認し，従業員に浸透させることで，組織の一体感を醸成することが必要不可欠である。

さらに，人材の承継と活用も今後の企業成長にとって，ある意味では，最も重要な要素である。本書では，人材の活用に着目し，人材教育を事業承継の最後のステップとして位置付けている。

筆者らは，事業承継を実践的に研究する大学教員と中小企業診断士である。本書の特徴は，事業承継において①後継者の視点に立ち，②知的資産，特に経営理念に焦点を当て，③後継者・右腕経営者，さらには従業員の人材育成に焦点を当てて，事業承継の課題と解決策の方向性を提示するものである。具体的には，本書は以下7つのステップに成功事例を加えた8章の構成となっている。

まず，序章では，事業承継の成功の具体例を紹介した。前述のように本書は①後継者の視点に立ち，②経営理念に焦点を当て，③人材育成の重要性を事業承継の成功要因として説明していくが，序章の事例は，実際に後継者が経営理念の浸透策や右腕経営者の人材教育を実践して事業承継に成功した企業の紹介である。

第1章では，事業承継を始める前提として，事業承継方針の必要性について説明している。事業承継計画書の作成に取り掛かる前に，自社の

現状や課題などを整理し，経営者の事業承継の意思を明確にするためにも，事業承継の方針を策定することが重要である。

　事業承継の方針を定めた後に，具体的な後継者を確保しなければ事業承継は開始できない。しかしながら，後継者を確保することが決して容易ではないことは広く知られている。第2章では，近年の中小企業の後継者確保の現状や，さらに確保ができない場合の方策について紹介する。

　一般に後継者を確保してしまえば，事業承継は終わりだと考える経営者が多い。しかし，本当の事業承継のプロセスは，この後から始まると言える。筆者らは，常日頃，事業承継の相談を受けており，これは現場の担当者としては常識と言っても良いが，現経営者と後継者との意思疎通，協力関係に悩む経営者及び後継者が多い。本書は，これを解決するために右腕経営者の存在に着目しており，この点が本書の最大の主張の一つでもある。

　第3章では，「右腕経営者」を見出す必要性と，どのような人材を右腕として抜擢するべきかなどについて詳細に説明する。例えば，現経営者と後継者は親族関係にあることが多く，気が通じ合うことが多い反面，感情がこじれることも多く，そうなると事業承継が全く進まないだけでなく，親族関係が破綻する可能性すらある。感情的な問題でもあるため，完璧な解決策はないものの，一つの有効な解決策は，第三者の仲介，特に番頭格である「右腕経営者」の役割が非常に大きいことを指摘したい。特に右腕経営者は，現経営者，後継者のみならず，従業員との調整役として中立的な立場で，どの場面でアクセルとブレーキを踏み分けるべきなのか，また，後継者が右腕経営者をどのように味方につけるべきかを本章では論じる。

　第4章は，後継者を経営に参画させる必要性を説明する。考えてみれ

ば当たり前のことであるが，後継者あるいは右腕経営者がいきなり一人前の経営者となることを期待するには無理がある。多くの中小企業における事業承継とは，強いリーダーシップを発揮して企業を成長させてきた経営者から，経営を行ったことのない後継者に経営者が交代することを意味する。これを踏まえれば，後継者及び右腕経営者が決まった段階で，可能な限り早期に経営に参画させ，経営者としての育成を図るべきである。さらに本章では後継者及び利害関係者の意識改革を端緒とした経営改革，そして，全従業員を巻き込んだ全員参加型経営の有効性について述べる。

　第5章は，自社の方向性を再定義することの重要性を論じる。後継者及び右腕経営者が従来の延長上で経営を行っていただけでは，事業承継後の企業成長は望めない。後継者と右腕経営者が確保できた段階で，まず実行すべきは，過去の自社の状況を正確に捉え，今後の自社の方向性を再定義することである。実は，不動産や株式等の目に見える資産，従業員をはじめとする人材に加え，顧客情報やノウハウなどの見えない知的資産が事業承継の三要素と言われる。その中でも，特に経営理念は自社の方向性を示す羅針盤の役割を果たす。この点は序章の事業承継に成功した企業の事例でも強調されている。また，全員参加型経営が有効であることは第4章でも述べられているが，これを実践する方法論も紹介する。

　第6章では，以上の仕上げとして，事業承継計画書の作成方法を示す。事業承継計画は内部の意識改革や情報共有という意味もあるが，実は優遇税制，補助金などの必要書類となっており，実務的な意義も大きい。また，日本の中小企業を取り巻く環境において，長期的なリスク・マネジメントを求められる場面が増えており，事業承継を機会にリスク・マネジメントの視点も加えて長期計画を立案することも重要であると考え

られる。

　第7章は，従業員の教育である。一般には，第6章までの事業承継計画書の策定で事業承継は完了と考えられているが，筆者らは，事業承継を成功に導くためには従業員の教育が必要不可欠と考えている。この点，既に，事業承継に関して後継者向けの研修プランが多数充実しており，後継者の人脈作りや経営の基本知識を身につける場として役立っている。しかし，会社に戻ると他の役員や後継者よりも社歴が長い幹部社員などとの意思疎通や協力体制構築に悩む後継者は多い。事業承継後も会社を成長させるためには，後継者が作成した事業承継計画に全社員を巻き込み，「全員参加型経営」を具体化していくことが極めて重要であり，それを実現するためには従業員の教育が必要不可欠と考えている。

　本書は4名がそれぞれの担当を持ち，執筆したものである。序章と第7章は内田聡，第1章と第6章は栗原浩一，第3章と第5章は山田直樹が執筆を担当した。この三人はいずれも中小企業診断士として，多くの中小企業から事業承継の相談を受け，問題意識を持ち，本書の執筆に至ったものである。第2章と第4章は法政大学大学院イノベーション・マネジメント研究科・教授の玄場公規が担当した。

　日本経済の再生においては，中小企業がその優位性を認識し，果敢にグローバル競争を勝ち抜き，大企業の業績に左右されること無く，永続的に事業継続を行っていくことが必要である。本書が，中小企業の事業承継後においても，その企業の経営能力を維持・向上するための処方箋の一つとなれば大変幸いである。

著者代表
玄場　公規

◉目次◉

はじめに　iii

序章　事業承継の成功の具体例 …………………… 1

1. はじめに　2
2. 大協技研工業株式会社の事例　4
   - （1）会社概要　4
   - （2）創業社長からの引継ぎの難しさ　6
3. マテックス株式会社の事例　14
   - （1）会社概要　14
   - （2）事業承継と経営理念の浸透　14
4. 株式会社中北電機の事例　20
   - （1）会社概要　20
   - （2）後継者教育と社員の育成　20
5. おわりに　24

第1章　課題を知り方針を決定する ………………… 25

1. はじめに　26
2. 事業承継開始の相談相手　26
3. 事業承継の課題　30
4. 事業承継における心構え　32

（1）早期開始と計画を意識する　33
　　（2）「見える化」と「磨き上げ」を理解する　34
　　（3）関係当事者を巻き込む　36
5. 事業承継に対する支援策　36
　　（1）よろず支援拠点M&Aセンターなどの相談・支援　37
　　（2）日本M&Aセンター　38
　　（3）分社化の活用　42
　　（4）事業承継税制の活用　43
　　（5）事業承継における従業員持株会などの活用　44
　　（6）人材開発支援助成金　45
6. おわりに　45

第2章　後継者を確保する　47

1. はじめに　48
2. 後継者確保の難しさ　49
3. 後継者を探し始める　51
4. 他人承継の可能性　54
5. 専門家等への相談　57
6. おわりに　61

第3章　右腕経営者を見出す　63

1. はじめに　64

2. 経営における右腕経営者の位置付け　64
  3. 後継者の右腕経営者が果たす役割　68
  4. 右腕育てと全員参加型経営　71
  5. 後継者視点からの法制度の活用　73
   （1）種類株式の活用　73
   （2）役職の付与　77
  6. おわりに　79

第4章　後継者及び右腕経営者を経営に参画させる … 81

  1. はじめに　82
  2. 後継者を育てる意義　82
  3. 経営者の能力　86
  4. 全員参加型経営　90
  5. おわりに　94

第5章　自社の方向性を再定義する ……………… 97

  1. はじめに　98
  2. 事業承継における経営理念の位置づけ　99
  3. 経営理念が組織に与える影響　104
   （1）経営戦略における位置づけ　104
   （2）経営理念とは何か　105
   （3）企業ドメインに与える影響　107

(4) 行動指針に与える影響　107
　　(5) 社会変化への対応　109
4. 経営理念の浸透　111
　　(1) 経営理念の浸透のレベル　111
　　(2) 経営理念を浸透させる従来の方策　112
　　(3) 経営理念を共に創る　113
5. 経営理念浸透の実例　114
　　(1) 経営理念を語り合う自由　114
　　(2) 経営理念を変更する自由　115
6. おわりに　116

第6章　事業承継計画書を作成する　119

1. はじめに　120
2. 事業承継計画書の応用例　121
3. 事前準備と危機管理　124
4. 「見える化」の実践　126
5. 「磨き上げ」の準備　127
6. 経営理念と経営戦略の文章化　129
　　(1) 経営理念及び経営戦略立案フロー　130
　　(2) 経営理念の明文化　130
　　(3) バリューチェーン分析　132
　　(4) VRIO分析　134
　　(5) SWOT分析1：内部環境要因　136
　　(6) SWOT分析2：外部環境要因　137

(7) クロスSWOT分析　140
　　(8) あるべき姿への「磨き上げ」　142
　7.事業承継計画書の作成　143
　　(1) 現状を踏まえた事業への影響度　143
　　(2) 事業承継計画表への記入　144
　8.おわりに　148

第7章　従業員を教育する……………………151

　1.はじめに　152
　2.後継者向けの教育　152
　3.従業員研修の意義　156
　4.助成金活用の検討　158
　5.研修プログラムの具体例　162
　　(1) 独自プログラムのメリット　162
　　(2) プログラム作成の事前準備　163
　　(3) 実際の研修プログラム例　164
　　(4) 研修に対するアンケート結果　166
　6.おわりに　168

おわりに　今後の事業承継支援の在り方…………169

序章

事業承継の
成功の具体例

1. はじめに

　今後20年間で3割程度の中小企業が事業承継をせずに廃業に追い込まれると言われている。この課題を解決するため，政府のみならず産業界を挙げての様々な支援策が提示されており，既に事業承継に関する数多くの文献が公表されている。しかしながら，既存の文献の多くは，後継者不足などの一般的な事業承継の課題を指摘しつつ，資産の譲渡など目に見える部分の承継を中心に解説したものにとどまっている。

　これらの文献も事業承継において有用であるに違いない。しかし，後に示すように，実は，事業承継の一番の課題は後継者を補佐する人材が見つからないことであるとされている（中小企業白書等のアンケート結果）。それにも関わらず，この点を明示的に指摘し，その解決策を提示した書籍はほとんど見られない。

　本書は，事業承継を実践的に研究する大学教員と中小企業診断士が，事業承継において最も重要な課題とされる事業承継後の後継者の自立及びそれを補佐する右腕経営者の確保に焦点を当てて，具体的な事業承継のためのステップを紹介するものである。7つのステップについては，第1章から第7章までの各章で具体的に説明するが，まずは序章において，事業承継の具体例を幾つか紹介しよう。

　各ステップの説明に入る前に，事業承継は実際にどのように行われるのか，また，事業承継を成功させるために留意すべき点は何か，さらに，事業承継後に企業を成長させるためにはどうしたら良いのかを具体的にイメージしてもらうことが重要であると考えている。そのため，実際に事業を承継した後継者の具体的な話を元に，事業承継において課題となったこと，成功要因について筆者なりに解釈した結果を示すことにする。インタビューの対象者は，事業承継を行った先代経営者ではな

【図表序-1】事業承継7つのステップ

第7章：従業員を教育する

第6章：事業承継計画書を作成する

第5章：自社の方向性を再定義する

第4章：後継者及び右腕経営者を経営に参画させる

第3章：右腕経営者を見出す

第2章：後継者を確保する

第1章：課題を知り方針を決定する

（出所）筆者作成

く，敢えて後継者としている。多くの文献や報告書は，先代経営者の視点から書かれたものが多いが，後継者側から見た事業承継の課題や，苦労し模索する中で掴んだ成功要因を知ることが，事業承継の重要なポイントになると考えるからである。後継者には，2代目だけでなく3代目以降の経営者が含まれており，いずれも単に会社を引き継いだだけでなく，新たな事業や取組みにチャレンジして会社を「磨き上げ」ている。

事業承継の課題に関しては，会社の資産や経営権の引継ぎなどに焦点

を当てて，数多くの文献やセミナーなどで解説がなされている。しかし，会社の資産や経営権は事業承継の要素の一部であり，財務諸表に載っていない，人（後継者以外の役員や従業員），技術やノウハウなどの目に見えない財産も視野に入れて事業承継を進める必要がある。多くの後継者にとって，資産の承継が大きな課題となることもあるが，それ以前に，実際にどのように経営していけば良いのかに悩んでいる後継者が多い。リーダーシップは経営における重要な要素であり，多くの中小企業では，「俺について来い」という支配的なリーダーシップが主流であった。しかし，近年では「協力者を作り周りに働いてもらう」という支援型のリーダーシップが求められている。事業承継は，支配的リーダーシップ型の経営から支援型のリーダーシップ経営へ移行することの契機となり，そのために経営理念の見直しが大きなポイントとなる。経営理念は，経営者のためだけに存在するのではなく，従業員や関係者も含め，その会社に関係するすべての人に対して会社の存在意義と今後の方向性を示すものである。経営理念が浸透することにより全社一丸となって会社の成長に取り組むことができる。

　以下，本章で紹介する企業は，これらを実践して事業承継に成功した企業である。

2. 大協技研工業株式会社の事例

(1) 会社概要

　大協技研工業株式会社は「粘着製品のトータルプランナー」として，粘着テープの受託加工，自社製品の企画・加工から販売までを手がける会社である。先代経営者から事業を承継した大山純平代表取締役社長に詳細なお話を伺い，事業承継の課題と成功要因を整理した。

同社の主力製品は，食品工場等における「クリーンな環境を維持・管理したい」とのニーズに対応するため害虫駆除を目的とした粘着テープであり，「アイビーキャッチャー」「キヒ巻くん」「影丸くん」を発売している。また，農家や園芸愛好家の「無農薬・減農薬栽培」のニーズを捉えて「むし恋いこい」「New虫バンバン」「くるくるキャッチャー」を発売している。これらは，ネーミングも個性豊かであり，お客様から評価されている大協技研を代表する商品である。同社の会社概要は図表序-2のとおりである。

【図表序-2】大協技研工業株式会社「会社概要」

会社名	大協技研工業株式会社
設立年月	1986年12月（32期目）
資本金	5,000万円
経営理念	わが社は「粘着製品のトータルプランナー」を使命とし，粘着製品を通して「豊かさを創造」することを目的とする。
業務内容	1. 粘着製品の受託加工・販売 2. 粘着テープの仕入れ・販売 3. 自社製品（粘着応用製品）の企画・加工・販売
国内拠点	・本社：神奈川県相模原市 ・事業所：神奈川県座間市 ・営業所：長野県松本市 ・工場：沖縄県うるま市
海外拠点	タイ（1996年），フィリピン（1999年） インドネシア（2015年），韓国（事務所）
従業員数	日本（約80名），タイ（約230名） フィリピン（約100名） インドネシア（約10名）合計約420名

（出所）筆者作成

　同社の強みは，優れた加工技術力を活かして材料開発を行い，製品企画や仕様提案に活かしている点である。とくに近年では，自社商品の企

画・販売に力を入れている。顧客ニーズを汲み取ったこれらの商品は，新たな市場を開拓し売上，利益を伸ばしている。また，同社は2009年に神奈川県中小企業モデル工場に指定され，2017年には「神奈川がんばる企業エース2017」に認定されている。図表序-3は同社の表彰歴である。

【図表序-3】大協技研工業株式会社・表彰履歴

2009年	1月	神奈川県優良工場
2013年	7月	無災害記録1650日達成（銅賞）
2015年	4月	かながわ障害者雇用ハートフル企業として公表
	4月	かながわ中小企業モデル工場として指定
2016年	8月	かながわ障害者雇用優良企業として認定
2017年	1月	無災害記録2500日達成（銀賞）
	11月	神奈川がんばる企業2017 認定
		神奈川がんばる企業エース2017 認定

（出所）筆者作成

(2) 創業社長からの引継ぎの難しさ

① 偉大な先代経営者

2018年10月に創業社長から2代目の大山純平社長に事業が引き継がれた。創業者は，一言で言えば，エネルギッシュなアイデアマンである。創業期は苦労の連続だったようだが，仕事に対する情熱と数多くのアイデアで難局を乗り越えてきた。強いリーダーシップを発揮すること

で社員を引っ張り，会社を大きく育ててきた。成功した多くの創業者にみられるように，頭の回転が速く，市場を見る力，勝負勘が優れている。それが「勝ち喧嘩は買え」という口癖に表れている。これは，喧嘩好きであるという意味ではなく「勝てる市場で戦うことが大切」という，市場を読み取った先見性の表れである。大手企業に勤め，そこで培われた営業・マーケティングの能力を発揮して同社を成功に導いた創業者は社内では偉大な存在である。

しかし，現経営者が偉大な「スーパーマン」であることは，事業承継の課題となりうる。創業者は，丁寧に手取り足取り経営を教えてもらって事業を始めたわけではない。一方，後継者は，高校・大学受験のために塾等に通い勉強をする中で，解答に至るまでのプロセスを丁寧に教えてもらうことに慣れており，世代間のギャップが存在している。

創業者の立場からは，「事業を引き継ぐ」と後継者に伝えて，資産を承継すれば「あとは任せた」と後継者の自主性に委ねたい気持ちがあるだろう。しかし，後継者としては，資産は承継しても事業自体をどう進めて良いのか分からず，実質的には経営の承継がなされていないことが少なくない。筆者らは事業承継の相談を受けることが多くあるが，「明日から社長を頼むぞ」という一言で引継ぎが終わりそうなことに不安を感じている後継者が少なからず存在する。

② 目に見えないものの引継ぎ

大山社長は，先代経営者の姿を見聞きしながら感じた，事業承継の引継ぎが難しい要素として，次の3点を挙げている。

① 「自分で学べ」
② 「自分で経験しろ」
③ カリスマ性

中小企業一般に言えるかもしれないが，創業社長にはカリスマ性があり，従業員を強力なリーダーシップで率いている。2代目は創業者の偉大な背中を見ているものの，先代経営者が偉大であるが故に引き継ぐ者ならではの難しさや悩みを抱えているようである。先代経営者は，38歳で一から起業した。そのため，経営に関して細かな指導はなく，基本的に自分で学べという姿勢である。ただし，自分から学ぶ上での支援は惜しまなかった。

　大山社長は，経営を学ぶため大学院，県や市のセミナーを利用し学ぶことを選択した。大学院やセミナーでは，様々な経営の型や理論・知識を得ることができたが，さらに，他社の社長，後継者との人脈形成を通じて視野を広げることができた。同じ想いをもった人や，他社の社長の考え方などから学ぶことは多く，「創業者を目指す」のではなく「自社を成長に導くトップになる」等の目線を変えるきっかけになったとのことである。

　事業承継をスムーズに進めるためには，資産の承継だけでなく，経営そのものを承継するための相応の準備が必要である。筆者らは，スムーズな事業承継を行う方法として事業承継計画書を作成することを勧めている。事業承継計画は「中長期の計画に，事業承継の時期，具体的な対策を盛り込んだもの」と定義されている（中小企業庁HP「事業承継ガイドライン20問20答」2018年11月11日）。中長期事業計画には，右腕となる経営者・親族・従業員など会社の強みの源泉となる「人」の育成に焦点が当てられている。

　とくに，後継者が参画して事業承継計画書を作成する点に意義がある。多くの事業承継のマニュアルでは，創業社長に事業承継計画書の作成を薦めているが，それだけでは後継者が当事者意識を持つことはできない。また，計画の作成を共に行うことで，現経営者と後継者のコミュ

ニケーションツールになり，資産以外の経営の根幹の部分も後継者が深く理解することに繋がることが期待できる。

　大山社長が先代経営者から引き継いだ事項の例を図表序-4に示した。決算書には載ってこない目に見えない部分を重点的に，先代経営者と後継者がすり合わせていることがわかる。

【図表序-4】先代からの引継ぎ事項の例

・経営理念	・会社の歴史	・創業の経緯
・社長の右腕	・親族の処遇	・お金の使い方
・未解決リスト	・人脈	・お金の流れ
・顧客との接し方	・物の仕入れ方	・株式構成
・困ったとき誰を頼ればよいか		・経営判断に困ったときどうしてきたか
・業績の推移	・資金繰り表	・不動産
・有価証券	・知的所有権	・機械設備
・従業員	・在庫	・備品，事務用品
・金融機関/借入れ状況	・証券担保負債	・リース等の物品借入れ
・株式		

（出所）ヒアリングを元に筆者作成

　まずは，後継者自らが経営で分からないことについて考え，自ら引継計画書を作成することにより課題が明確になり，現経営者との具体的な議論に発展させることができる。すなわち，「事業承継の見える化」とは「後継者の課題の見える化」であると考えられる。この点についての詳細は第6章「事業計画書を作成する」で説明する。

　後継者は，事業承継を契機に経営を変えたいと思うことがあるだろう。一方，現経営者は，できるだけ会社を変えて欲しくないと考えることが少なくない。この点でも意見が対立して，事業承継が進まなくなることも多々見受けられる。したがって，事業承継計画の作成に際して

は，後継者から現経営者への歩み寄りも非常に重要である。たとえば，会社の経営理念や従業員の強み等，会社の長い歴史の中で積み上げてきたものを引き継ぐという姿勢を示すことが重要であり，体制を整えた後に変革の可能性を考えていくことが望ましい。

この点，大協技研工業株式会社では，明確な事業承継計画書を作成してはいないものの，事業承継の段階的な移行期間を設けている。図表序-5に事業承継に向けた先代経営者の明示的な意思表示を整理した。2011年に後継者を指名し公表したが，実際に事業承継を行ったのはその7年後である。創業者が社長であるときから，中期経営計画は後継者が発表することにした。このような移行期間を設けることによって，従業員や他の関係者も事業承継に向けた仕事の準備と心の準備が行えるようになった。

【図表序-5】創業者による段階的な事業承継の意思表示

社内への意思表示	
2006年	能力のあるものを社長にすると明言
2011年	後継者の実績・実力を元に現社長にすると明言
2014年	自身の進退について明言
社外への意思表示	
2011年	「いずれ」という表現で事業承継を公表
2016年	銀行など関係先に正式に意思表示

(出所) ヒアリングを基に筆者作成

興味深い点は，社内への意思表示と社外への意思表示が別のタイミングで行われていることである。とくに，社内への公表では能力のある者を社長にすると明言したが，この時点では子息である大山社長を後継者にすることは決まっておらず，大山社長にとっても実績作りに奮起する契機となった。その後，海外事業立ち上げでの実績を示すことになり，

正式に後継者として社内に公表されたのである。子息だから後継者にすると明言することは多々見受けられるが，実力主義を取り入れ，後継者もそれに応えて実績を出したことで，組織力の強化，社内の活性化につながったと考えられる。

以上の理由を踏まえても，事業承継はできるだけ時間をかけて行うことが望ましいと言える。時間の経過とともに，後継者は「決意・覚悟・想い・夢」などを作ることができる。また，段階的に公表していくことで従業員も受け入れの準備が出来ると共に，後継者自身も社内で協力者を作ることが可能となる。

大山社長は，実績・実力を元に先代から後継者に指名された。その後，経営に参画し，先代経営者の仕事を学び事業承継完了までの間，試行錯誤を繰り返し経営者としての準備を着々と行っていったのである。後継者の経営への参画の重要性については，第4章「後継者及び右腕経営者を経営に参画させる」で説明する。

③ 全員参加型経営の実践

創業社長は，社内で偉大な存在であり，強力なリーダーシップで組織を引っ張り幾つもの困難を乗り越えてきている。そして，事業承継を考える頃には，自ら雇い入れ苦楽を共にしてきた社員も年数を重ねて社内での存在感を増している。このような古参幹部社員の立場からすれば，創業者に雇われたのであって，後継者に雇われたのではないといった感情があるかもしれない。その状態が続くようでは，事業承継後の経営はうまくいかないだろう。後継者は，事業承継を契機に創業者中心の組織体制から後継者中心の組織体制に移行することを意識しなければならない。時間を十分にかけ，後継者の経営にかける意思を従業員に伝えていくことが必要である。

大協技研工業の創業者も社内ではスーパーマンであった。創業者に雇

用された従業員も多く，すぐに後継者を受け入れてくれた訳ではない。この点，大山社長は，従業員の目線を変えていくことが重要であると述べている。とくに，トップダウン経営からボトムアップ経営に組織を変革することで，従業員の視点を変える必要があった。もちろん，後継者自身から呼びかけていくことも重要であるが，「すべてを自分でやらず外部を活用することも不可欠である」と述べている。後継者が本当に社員のために思って発信していることであっても「自分の為ではないか」と考える従業員もいるかもしれない。しかし，外部の専門家から同じような趣旨を言われると社内だけでなく「一般的にそうなのか」と自分の考え方を見直すきっかけになるとのことである。外部を活用して，従業員に教育を行っていくことで，従業員も経営的な視点を得る可能性があり，そういった人材が出てくることで組織はより活性化する。ただし，画一的な外部研修に従業員を参加させれば済むというわけではない。外部の研修には様々な種類があるが，経営層の意図していることが研修会社の研修の意図と一致していないことがある。十分に研修内容を吟味して，従業員の教育を行うことが重要である。

　ただし，そもそも，経営層の意図していることが何かが分からなければ，従業員を教育することができない。このような場合に最も重要なのが経営理念である。経営理念とは，「その企業の存在目的や使命を簡潔に社内外に表現した文章」であり，より具体的に言えば，わが社は何のために存在しているのか，わが社は何を通じて世のため人のために貢献するかといった存在価値を示した宣言文のことである（坂本光司（2017）『人を大切にする経営学講義』PHP研究所）。

　大協技研工業株式会社の経営理念は，図表序-2に示したとおり，『わが社は「粘着材のトータルプランナー」を使命とし，粘着製品を通じて「豊かさを創造」することを目的とする。』である。従業員の教育におい

【図表序-6】 粘着製品のトータルプランナー戦隊DKJ

（出所）神奈川経済新聞 2018年9月14日9月号 組織力で勝負！世代交代で社内に戦隊チーム結成/大協技研工業（6面）

ても，最終的には，この経営理念の実現が目的である。大山社長は，今後の経営哲学として，組織力を自社の強みにしたいと考えている。一人のスーパーマンではなく，戦隊ヒーローのようにチームで勝負すると述べている。それを具現化する活動として，粘着製品のトータルプランナー戦隊を組織した。これをDKJ（ディーケージャー）と名付けて，外部に公表している。図表序-6が粘着製品のトータルプランナー戦隊DKJの資料である。

「DKJ」（ディーケージャー）は大山社長を筆頭のレッド隊員とし，営業本部長をブルー隊員にしている。この広報活動を開始したのは，事業承継の後に，継続的に会社を成長させるためには，社員全員がベストを

尽くし，能力を引き出す企業風土を醸成することが重要であると考えたからである。経営理念で一本社内に筋を通し，全員を同じ方向へ向け，自分達が持てる能力を全力で出す。このように組織力を高めていくことで結果として経営理念を実現することに，一歩ずつ着実に近づいていくのである。これは，正に本書で述べる全員参加型経営であり，このような全員参加型経営を実現するための教育内容については，第7章「従業員を教育する」で詳細を紹介する。

3. マテックス株式会社の事例

(1) 会社概要

マテックス株式会社は，建築用ガラス・サッシの卸売を事業内容とする創業90年の企業である。松本浩志代表取締役社長は，創業80年を機に先代の2代目社長から経営を引き継いだ3代目社長である。以下，松本社長から伺ったお話を元に同社の事業承継の課題と成功要因を整理した。

(2) 事業承継と経営理念の浸透

① 後継者にとっての経営理念

2007年秋，先代社長である父に「代替わりしよう」と持ちかけられたのを機に，松本社長は事業承継の準備を始めた。準備を進める中で気づいたのは，「今までの会社には杜撰さと不器用さが混在している。ただし，不器用さは強みになり得るのだから，これは杜撰さと分けて捉える必要がある」という点であった。同社の経営理念に掲げられている「人間尊重」の姿勢に通ずる考え方である。

松本社長は，「経営理念は，経営者の企業哲学と社内に脈々と受け継

【図表序-7】初代・2代目の企業哲学

初代経営者の企業哲学
まずお客様に喜んでもらい，つぎに従業員にも喜んでもらう，そしてお客様や従業員が安心して働ける信頼関係をつくること，そうすると自ら求めずとも利は自然と生ずる。
2代目経営者の企業哲学
好景気には慎重に，不況のときは大胆に。本業とは関係ない目先の利益は追わない。継続は何よりも勝る力である。

(資料）同社提供資料から筆者作成

がれている企業文化を明文化したものである」と考えている。図表序-7に同社の初代経営者及び先代経営者の企業哲学を示した。

　松本社長は，これらの企業哲学が存在したことが自社が80年継続できた理由と考え，新たに自分の言葉で図表序-8に示す経営理念として明文化した。そして，時間をかけてこの経営理念を伝えていくことにした。経営理念の重要性を口にする経営者は多いが，中小企業において，経営理念を社内のみならず社外の活動に結び付ける例は多くないが，松本社長は，様々な形で経営理念を実践し社内に浸透させていった。まず，同社が扱っている「窓」の社会性の高さに注目し，「窓が社会にとって不可欠な存在であると気づこう」と社員に呼びかけるところから始めた。顧客から，「冬場，窓際が寒い。夏場，窓際が暑い。」という話をよくきくことがある。窓は熱の出入り口であり，冬の暖房時に熱が開口部（窓）から出ていく割合は58％，夏の冷房時に熱が入る割合は73％にもなる。これを抑えることで，環境的側面を向上させることができ，屋内での生活空間を快適にすることができる。近年，高齢者の家庭内の不慮の事故（寒い部屋・場所と温かい部屋・場所との移動による急な温度差によるもの）が増加傾向にあり，屋内温度を調整することは人命救助にもつながる。

【図表序-8】 マテックス株式会社「会社概要」

会社名	マテックス株式会社
設立年月	1949年11月（創業 1928年5月）
資本金	14,115.5万円
経営理念・コア・パーパス	5つの経営理念 一　窓を通じて社会に貢献する 二　「卸の精神」を貫く 三　浮利を追わず堅実を旨とする 四　信用を重んじ誠実に行動する 五　人間尊重を基本とする コア・パーパス 地域事業者と共創し，生活者の豊かな住まい作りのソリューション（解決策）をお届けする
業務内容	建築用板ガラス，住宅サッシ，ビルサッシ，樹脂製品，住宅設備器機等の卸販売。複層ガラスの製造
国内拠点	・本　社：東京都豊島区上池袋 ・支　点：東京都豊島区上池袋 ・営業所：小金井・さいたま・草加・横浜・柏・新座・相模原 ・工　場：戸田センター・鳩山センター
従業員数	253名（平成30年4月1日現在）

（資料）筆者作成

　マテックス株式会社では，その社会的意義を重視し，任意団体として，エコ窓普及促進会を設立し，住まいの断熱改修セミナー開催などの活動を行っている。これからは，商売性だけでは社会に通用せず，社会貢献性の高い企業が生き残っていくと，10年前から社員たちに積極的に伝えてきた。商品を購入する上で重要な要素は，①何を，いくらで，買うか，②どのように，買うか，③誰から，買うか，の3つである。松本社長は，とくに③の「誰から，買うか」がとくに重要であると述べている。商品の品質や価格のみではなく，どのような相手から購入するの

か，売り手の信用力が大切である。そのためには，各事業主が誠実に事業と向き合いお客様の購買支援に徹するサービスカンパニーになる必要がある。マテックス株式会社では，これまでに421回の勉強会を繰り返す中で，地域事業者がサービスカンパニーとして成長するためになすべきことを彼らと共に考えてきた。地道な活動により，お客様と顔が見える商売を続けている。商品の信頼は取り扱っている会社，さらには直接お客様と接している社員が誠実に接している中で，お客様との信頼関係を高めることで培われていく。お客様との信頼関係が深まると再度仕事につながりやすくなる他，紹介に繋がり更なる商品の購入につながるのである。経営理念の浸透は，対話の連鎖によって生まれる。マテックス株式会社では松本社長自身が各拠点を訪問し，社員と対話することでこれを実践している。

② 従業員と共に考える

　マテックス株式会社では，組織体制についても事業承継後に変革を試みている。前経営者の時代には，重要な役割を担う番頭社員やそのサポート役の社員は，メーカーからの出向者が担っていた。この役割を同社のプロパー社員に入れ替えていった。さらに，今後は，ピラミッド型になっている組織形態を逆ピラミッド型に変え，社長が一番下から組織全体を支える「見守るリーダーシップのスタイル」へと改革を進める予定とのことであり，これは，本書で強調している「全員参加型経営」に通じるものである。トップダウンで競争を重視していた従来の組織を改めて，家族的で柔軟かつ創造的なものに変えることを目標に，社員全員が力を合わせ，対話を通して互いの考え方を理解するための努力を行ってきている。このような活動の一環として，経営理念やコア・パーパスに基づいた「マテックスらしさ・価値観」を全員で考え，200個以上の中から10のコア・バリューに絞った。

図表序-9にマテックス株式会社の10のコア・バリューを示した。

【図表序-9】マテックス株式会社の10のコア・バリュー

1. お客様の真のよろこびを追求する 　数字では表せない領域に「感動」はある
2. 「オープン」「フェア」かつ「温かみのある」人間関係 　チームの和を育む最大の力は「仲間」
3. 「成功」「失敗」から考え，学ぶ 　平等に約束されていることは「成長」その過程を重視し見守る
4. 「称賛」「感謝」はすることに価値がある 　「いいね！」を増やす
5. ポジティブに考え，挑む 　「どうなるか‥‥」より「どうするか」を追求する
6. 地図のない領域に足を踏み入れる 　新しいことに興味を持ち，情熱と創意工夫で切り拓く
7. チームの多様性を大切にする 　聴く耳を持つ，相手の考えを尊重する
8. 率先して楽しむ 　「場」をつくり，「雰囲気」をつくる
9. 組織の一員である以前にひとりの人間として正しいことを追求する 　「誰が言うか」ではなく，「何を言うか」を大切にする
10. マテックスが誇る最高の品質は「信頼」 　世代を超えた関係は「信頼」の上に築かれる

（出所）筆者作成

　同社は，経営理念を浸透させるために，従業員に意識的に考えさせるプロセスを導入してきたといえる。実際に，コア・バリューへと絞り込む過程では，プロジェクトメンバー間で「マテックスらしさ」とは何かについて，積極的な議論が行われていた。そのような過程を経たからこそ，現場で生きる経営理念として機能することになる。経営者が自社の

経営理念を示すことも重要ではあるが，従業員が日々の業務の中で判断する機会を設け，行動する中で企業文化として浸透させることも必要である。この点の詳細は，第5章「自社の方向性を再定義する」で述べる。

良い組織づくりのためには，人にフォーカスしななければならない。人を褒めること，人を認めることで，話を聞いてくれるようになる。

同社では，コア・バリューの浸透を加速させる具体的な活動として，「マテックスLIVE」という「社員同士がホメ合う」ためのイベントを開催している。また，「コア・バリューを楽しむ夕べ」では，過去に褒められた経験を社員同士で共有する場を設けている。社内では，SNSを通じて互いをホメ合うメッセージが飛び交っている。このようにして，個人の成長を，そして，その個人に宿る思いやりの心を大切に育む努力を続けている。

さらに，マテックス株式会社では社内結婚も多いという。これは社員同士のコミュニケーションが表面的な仕事だけで行われているのではなく，社員同士が人間として尊重しあい日々の業務に当たっていることの表れであろう。社内結婚した社員は，会社の成長が，自分たちの成長にもプラスにも働くと認識しており，より一層，会社が強くなるという関係性をもたらしている。

以上のようにマテックス株式会社では，事業承継を契機に三代目の松本浩志社長が先頭に立って，経営理念の社内への浸透を徹底的に図る活動をしている。先代社長の強いリーダーシップのもと成功してきた会社では，後継者が同じようにリーダーシップを発揮しようとしても，従業員が付いてこないという事態はよくある。事業承継後の社内の融和に悩む後継者にとって，同社の取組みは有益な示唆を与えているのではないだろうか。

4. 株式会社中北電機の事例

(1) 会社概要

　株式会社中北電機は，電力会社向け電機材料の卸売を事業内容とする企業である。佐藤孝文常務取締役常務は，2019年の10月に3代目社長に就任予定であり，現在事業承継の具体的な準備を進めている最中である。

　事業承継の準備を行うと同時に，国内需要が伸び悩む一方で海外のインフラ投資需要が拡大する中，佐藤常務はアジアを中心に海外展開にも精力的に取り組んでいる。株式会社中北電機は，佐藤孝文常務の祖父が立ち上げた企業であり，70年近く東北地方に特化して事業を展開している。祖父の時代から良質の顧客を押さえ，商流の川上に位置し，潤沢なキャッシュフローで安定経営を続けてきている。株式会社中北電機の会社概要を図表序-10に示した。

(2) 後継者教育と社員の育成

① 後継者教育

　後継者確保という観点から，後継者の教育は非常に重要な意味を持つ。近年では，親族内でも事業を承継するケースは減少しており，事業承継直前になって親族に意向を確認したところ「継ぐ気はない」と断られることがあるようだ。また，事業を継ぐ意思のある候補者が存在しても，候補者の能力が不安だと考えている経営者が少なくない。したがって，早い段階で後継者候補の意思確認を行い，教育の準備を整えることが必要不可欠である。この点については，第2章「後継者を確保する」で詳細を述べる。

　佐藤常務は，幼少の頃から家訓に従った生活を送ることが求められ

【図表序-10】 株式会社中北電機「会社概要」

会社名	株式会社 中北電機
設立年月	1955年10月
資本金	3,000万円
社訓	会社の信用・企業の繁栄・相互の幸福
業務内容	1. 電気用品の製造，加工並びに販売 2. 電灯・電力・電鉄用架線材料工具機器の製造，加工，販売並びに請負 3. 電気工事の設計，施工並びに請負 4. 給排水設備・衛生設備・空調設備の設計，施工並びに請負 5. 産業廃棄物及び一般廃棄物の収集運搬業，処分の請負 6. 前各号に附帯する一切の業務
国内拠点	・本　　社：宮城県仙台 ・営業所：青森・秋田・岩手・山形・福島・郡山・新潟・東京 ・工　　場：仙台（亜鉛メッキ工場）
海外拠点	電力会社・JR・各種電工・建設業者等
従業員数	約100名

（出所）同社資料より筆者作成

た。とくに，お金のことについては厳しく育てられた。進学で上京した後も，毎年盆と正月には帰省することを半ば義務付けられていたが，金欠を理由に帰省しないと祖父に伝えると，それくらいは何とか工面して帰省するようにと許してもらえなかった。帰省した佐藤常務はさらに衝撃を受けた。妹や従兄弟5人は，年2回の帰省の度に交通費だけでなく，十分な小遣いを祖父からもらっていた。祖父に抗議すると，「(会社を継げば) 他人にお金を与える立場になるのだから，帰省代ぐらい自分で稼げ」と一蹴されたと言う。

　このように，お金には厳しい家庭環境であったが，その一方で，後継者として必要だと考えられる教育については潤沢な資金の提供を受けた。英語や中国語といった語学教育，合気道や剣道などの武道を習うこ

とができた。「語学は自社の海外展開を進める上で，武道は経営者に必要な度胸や落ち着きを養うのに現在役立っている」と，佐藤常務は語っている。また，2017年度は東京の経営大学院に進学し，MBAの学位を取得している。

② 後継者の右腕の育成

本書では，事業承継の成功において，後継者の右腕経営者の育成が不可欠であることを強調している。右腕経営者は先代が意図的に育成していくことも有効であるが，後継者自らが育成することも可能である。

佐藤常務も，自身が事業承継する準備段階から将来の「右腕」社員を発掘・育成していった。「右腕」を発掘する上で大切なことがあると言う。それは，最初ウマが合わないと思った社員に対しては，嫌ったり上から命令したりするのではなく，コミュニケーションを通して，徐々に腹を割って話せる関係を築くことである。最初は反抗的だった社員ほど，信頼関係ができた後は力強い味方となり，人が嫌がるような職務を進んでこなしてくれるようになった。

株式会社中北電機は仙台に本社がある。先代の頃より東京進出は何度か検討したが，断念した。その大きな理由の一つが従業員で適任者が出なかったことにある。多くの従業員は，地元志向が強く，生まれ育った仲間たちと付き合い，外に出たがらない。そのため，社員を大切にする先代は，東京進出の夢があったものの，断念せざるを得なかった。このような経緯がある中で，佐藤常務は，若手社員の研修・社内勉強会を通じて，自身の「右腕」となる存在を見出すようになる。

さらに，見出した「右腕」が力を発揮していくことにより，その「右腕」が組織の中でまた「右腕」を育成していくという循環も期待できる。時間をかけて従業員とこのような信頼関係をつくり，社員教育をすることは，事業承継において重要な要素である。右腕経営者の育成につ

いては，第3章「右腕経営者を見出す」及び第4章「後継者及び右腕経営者を経営に参画させる」で述べる。

③ 人材教育と社内改革の実行

佐藤常務は，前述の通り以前は排他的な組織であった会社に，人材活用の側面からも改革を行ってきた。従来，地元の高卒者を採用し続きてきたが，大卒者の必要性を感じ採用を始めた。ただし，社風に合わずすぐに退職してしまう大卒者もいた。そこで，大卒の中でも体育会系を中心とする採用に方針を変更した。

この採用方針が正解だった。元々体育会系の社風があった中北電機に就職した大卒新人は，しばらくすると既存社員たちと打ち解けるようになった。一度，大卒の新入社員が会社になじんでしまえば心強い。さらに，大卒者は比較的転勤に抵抗感がなく，祖父の時代から望まれていた配置転換も容易に進むようになった。

先代の父は，経営者一族のみで担当していた上得意客である電力会社への営業を部下に任せていなかったが，逆にこの点で苦労をしていた。それを身近で見ていた佐藤常務は，部分的ではあるが数年前からこうした顧客層を大卒の社員に任せるようにした。すると，そこから今までにない成長を見せる者がでてきた。また，佐藤常務は，部下に仕事を任せ，成長を見守る中で，自身の経営陣・上司としての役割を再認識することができた。具体的には，社員がミスをしたとき，代わりに取引先に謝ることである。既存の業務を任せることにより「再生可能エネルギー部門の立ち上げ」「工事部門の再生」「電材店の海外展開」「東京営業所の拡大」などの社内会改革に取り組むことができるようになった。

5. おわりに

　序章では，事業承継に成功した3つの企業の具体例を紹介した。これらの事例の中には，一見すると事業承継とは直接関係のない内容も含まれているように思えるかもしれない。しかしながら，これらの事例からわかるとおり，事業承継は資産の承継のみでは終わらない。むしろ，資産の承継が行われた後に企業の継続的な成長が実現できなければ，その事業承継は成功とはいえない。本章の事例では，2代目や3代目以降の後継者のケースを紹介したが，いずれも，事業承継を機に会社の継続的成長を目指して，地道な努力を行った経営者である。会社の「磨き上げ」のために，経営理念の見直しや社内への浸透を行い，それを基礎に新たな事業や取組みにチャレンジする文化を会社に根付かせることが事業承継に必要であると言えるだろう。

　第1章以降では，事業承継の7つのステップの詳細を説明する。事業承継は，「事業承継を開始する」と経営者が考え，宣言したところから始まる。宣言した以上，周囲のステークホルダー（利害関係者）に対して一定の責任が生じる。本書では，承継する資産に関する直接的な内容のみならず，承継する企業の事業内容の「見える化」や「磨き上げ」の内容にまで言及していく。事業承継を進める上で背景となっている問題にも触れ，後継者や右腕経営者の確保と育成などがその課題解決の糸口となることを示し，事業承継後の企業の持続的成長に寄与できればと考えている。

第 1 章

課題を知り
方針を決定する

1. はじめに

　本書は，第1章から第7章まで各章を1ステップとして，7つのステップで事業承継を理解していけるように構成されている。
　これらのステップを，PDCAサイクルに当てはめると以下のようになる。PDCAとは，計画（Plan），実行（Do），評価（Check），改善（Action）のことである。計画を実行し，見直し，その結果をさらに実行内容や計画見直しに反映させる。この一連の流れを繰り返していくことで，活動をブラッシュアップしていく。
　ステップ1の本章はPDCAのPにあたる。ステップ2と3は計画から実行までを含むのでPとDの重なり，ステップ4は実行のD，ステップ5はCに相当する。ステップ6は，ステップ2から5と並走する。ステップ7は，全社に向けてのフィードバックでAに相当する。これら各ステップはPDCAの要素を部分的に構成しているが，それぞれで完結している訳ではない。図表1-1に示すように，相互に密接に関連している。まずは事業承継の全体像をPDCAの流れで捉え，早期にできるところから始めていくことが重要である。

2. 事業承継開始の相談相手

　「事業承継を始めるぞ！」と経営者が決めた時から，事業承継は始まる。家族・親族，会社の役員や社員がいくら勧めても，経営者本人が自覚して決断しなければ，何も始まらない。取引先企業や金融機関から勧められることもあるが，経営者自身の自覚が何にもまして必要である。事業承継なんて面倒なことは，できれば避けて通りたい。しかし，避けて通れないのは，事業承継をしなかったときに被る不利益の方だと，経

【図表1-1】事業承継における7つのステップの位置付け

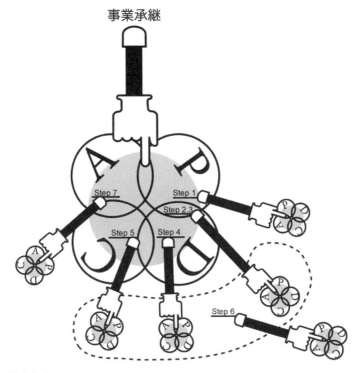

(出所) 筆者作成

営者は何かをきっかけに気付くはずである。

その気付きのきっかけは何か。図表1-2と図表1-3から大きく2つの経路が見えてくる。1つ目は，他人から勧められる場合である。2つ目は，事業承継を意識している経営者が，他人に相談する場合である。図表1-2及び図表1-3は，既に後継者が決定している場合とそうでない場合に分けて，事業承継を勧められた相手，あるいは相談をしている相手が誰かについてアンケート調査をした結果である。これらの結果から，後継者が決定している経営者の方が，どの項目でも大きな割合を示し事

【図表1-2】経営や資産の引継ぎの準備を勧められた相手
（後継者が決定している企業と未決定の企業）

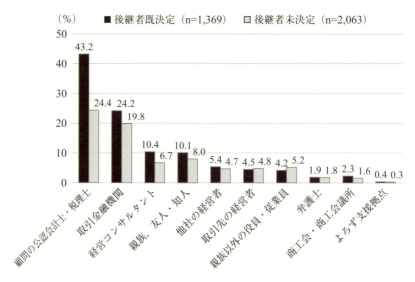

注：1. 複数回答のため，合計は必ずしも100%にはならない。
　　2. ここでいう「経営コンサルタント」とは，中小企業診断士，司法書士，行政書士を含む。
　　3.「その他」，「誰にも勧められたことがない」の項目は表示していない。
（資料）中小企業白書（2017），中小企業庁委託「企業経営の継続に関するアンケート調査」（2016年11月，㈱東京商工リサーチ）

業承継への関心が高いことがわかる。既に後継者の決まっている経営者の方に問題意識が高い傾向があり，誰かに相談もしているしアドバイスも受けていることが分かる。

　実際に引き継ぎ準備を勧めているのは，顧問の公認会計士・税理士や取引金融機関が多く，相談相手でも同様である。相談相手では，親族・友人・知人，親族以外の役員など，より身近な者が占める割合が高い。このことから，公認会計士などの専門家の方が事業承継をするよう直接働きかけてくれるのに対し，身近な相手は既に決断しつつある事業承継

【図表1-3】 事業の承継に関する相談相手
（後継者が決定している企業と未決定の企業）

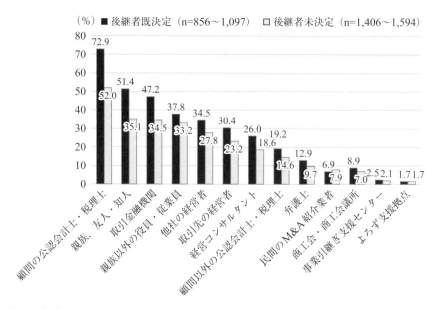

注：1. 複数回答のため，合計は必ずしも100％にはならない。
　　2. ここでいう「経営コンサルタント」とは，中小企業診断士，司法書士，行政書士を含む。
　　3. それぞれの項目について，「相談して参考になった」，「相談したが参考にならなかった」と回答した者を集計している。
（資料）中小企業白書（2017），中小企業庁委託「企業経営の継続に関するアンケート調査」（2016年11月，㈱東京商工リサーチ）

の意思を固める最後の一歩を後押しするのに役立っていると考えられる。
　いずれの場合も，専門家を中心とした推奨や近親者を中心とした相談などを経て，事業承継への意欲を高め，事業承継を決定するに至っている。

【図表1-4】年代別に見た中小企業の経営者年齢の分布

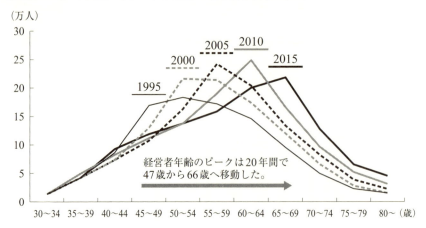

注：㈱帝国データバンク「COSMOS2（企業概要ファイル）」再編加工
（資料）中小企業白書（2018）

3. 事業承継の課題

　「事業承継の課題といえば後継者不足」と言っても過言ではないほど，後継者不足は深刻な問題である。2018年版中小企業白書のデータによると，2015年における中小企業の経営者の年齢は66歳がピークとなり，1995年の47歳から20年間で19歳も高齢化した（図表1-4）。平均寿命が伸びて元気な高齢者が増えたことも要因の一つかも知れないが，66歳ぐらいまでは何とか現役で頑張らざるを得ず，その後徐々に経営を退いているという現実も無視できない。退いた先には，2つの選択肢がある。誰かに会社を承継させるか，廃業するかである。
　一方，この年齢に近づく60歳代の経営者の後継者確保状況を見てみると，48.7％と約半数が確保できておらず（図表1-5），経営者の年齢が66歳でピークを迎えていることを併せて考慮すると，少なからずの経

【図表1-5】社長年齢別に見た，後継者決定状況

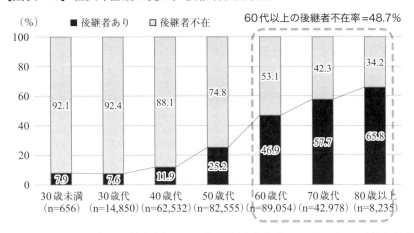

注：1. COSMOS（147万社収録）および信用調査報告書ファイル（170万社収録から，2015年以降の後継者の実態を分析可能な企業を分析対象にしている。
　　2. 対象には，大企業も含む。
（資料）中小企業白書（2018），㈱帝国データバンク「2017年後継者問題に関する企業の実態調査」（2017年11月）

営者が後継者不足を理由に廃業を選択していることが分かる。

　もちろん，誰かに承継させて引退するとは言っても，誰でも良い訳ではない。事業承継は，親族承継，社内の役員や従業員による承継，社外の第三者への承継の3つに大別できる。図表1-6は10年以内に事業承継をした小規模事業者へのアンケート結果であるが，親族承継の割合が圧倒的に大きく，またその多くの場合が経営者の息子・娘への承継である。しかしながら第2章で述べるように近年では親族外承継が多いという調査結果もあり，後継者が見つからない現状も伺える。

　以上から，せっかく66歳まで頑張って経営してきた会社を廃業に追い込まないためには後継者を見つける必要があり，さらにその後継者を親族（とくに息子や娘）から選びたいという経営者が多いことがわかる。

【図表1-6】組織形態別の現経営者と先代経営者の関係

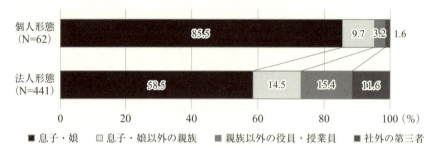

注：事業承継時期が0～9年前の小規模事業者を集計している。
（資料）中小企業白書（2013），中小企業庁委託「中小企業の事業承継に関するアンケート調査」（2012年11月，㈱野村総合研究所）

4. 事業承継における心構え

　さて，運よく後継者が見つかったとしても，それで終わりではない。むしろここからが事業承継の本番である。また，親族承継は社内や社外の者への承継に比べて時間がかかるので，十分な時間をかけて進めていく必要がある。この点，親族承継と比べて，社内の役員や従業員への事業承継では「事業」に関する説明が軽減される。一方，社外の第三者への事業承継では「承継」に関する説明が軽減され，引継ぎの時間が短縮できる。しかし，親族承継の場合はこれら両側面からの説明に時間を割くことになることから，なるべく早く準備を始め，十分な時間をかけて計画的に進めていくことが望ましい。仮に後継者の発掘という課題を克服していたとしても，意識的に早期に且つ計画的に進めていくことで，後継者育成など新たな課題に対しても適切に対応できる。

　後継者の立場からは，承継する会社がどのような会社で，どのような問題を抱えているか，といったことが大きな関心事となる。そのためには，経営者と後継者が共同して事業承継計画書を作成し，会社の現状や

問題を後継者にとって「見える化」することが重要である。また，それに伴う課題解決に向けて会社の「磨き上げ」を可能な限り行い，少しでも事業承継をスムーズに行える努力をすることが望ましい。これには，関係当事者（ステークホルダー）たちと十分コミュニケーションをとり，相談や連携を通して進めていくよう心掛ける必要がある。ステークホルダーたちの協力を得ることで，事業承継はよりスムーズに進められる。

これらのことを意識しながら事業承継を進めていくことは非常に重要であるため，以下に3つの「事業承継の心構え」としてまとめる。

(1) 早期開始と計画を意識する

事業承継は，できるだけ早期に準備にとりかかることが望ましい。早めに動くことで，社長が突然働けなくなるなどの不慮の事態が起こっても，適切に対応できる可能性が高くなる。また，会社が早期に「事業承継モード」に入ることで，従業員にもそれが伝わり彼らの意識にも変化が望める。事業承継を通じて，事業そのものにおける対応力も一段と向上する。そのために必要なもう一つの要素が，事業承継を計画的に進めていくことである。早期に始めるだけではなく，計画的にPDCAを回し，小さな成果を積み重ねていくことで，着実に進めていくことができる。

事業承継を早めに準備しなかったために，廃業を選択せざるを得なかった事例も少なくないと考えられる。中小企業白書（2006）では，早い時期から適切な期間をかけた計画的な後継者育成を怠った結果，廃業に追い込まれた食品小売業者のC社の事例を紹介している。同社は，高収益確保と潤沢な内部留保を強みに，堅実な経営を続けてきた。しかし，大型郊外型店舗が次々とC社の商圏に進出してくると，同社は徐々

に売上を落とし経営が悪化した。社長は，商品の見直しや不採算店舗の閉鎖など対応策を図ったが，V字回復とはいかず大幅に売り上げを落とした。後継者候補として長男が入社したのは，C社の最盛期であった。社長である父のサポートを行う立場にありながら一般の従業員としての勤務を続けていたため，経営者としての視点で事業に参加するという意識は育たなかった。社長も，長男の姿勢や勤務状況に対してあまり疑問視してこなかった。その結果，次期経営者が不在となり事業継続が困難であると判断した同社は，社長が高齢になったこともあり，廃業することとなった。

C社の社長が，長男が，或いは両方が何かのきっかけで危機意識を持ち，早期から計画的に，積極的に事業承継に取り組んでいたら，結果は大きく異なっていたかもしれない。

(2)「見える化」と「磨き上げ」を理解する

経営者は，事業承継に向けた準備段階において，後継者候補に対して，どのような企業を承継し，どのような問題を抱えているかを具体的に伝えることが望ましい。そうすることで，後継者候補は安心して事業承継に取り組めるようになり，経営者も，後継者候補からの理解や信頼が得られるようになる。このように，自社の現状と課題を認識し整理することが，「見える化」することの意味であり，単に事業承継資産の中身を精査することではない。さらに，「見える化」で明らかになった問題点を軽減・除去する，「磨き上げ」も併せて行う必要がある。こうして，事業承継の完了までに会社をより良い状態にしていくことが望ましい。

事業の経営に関する「見える化」においては，会社と個人資産との明確な分離や，決算処理や在庫管理の適正化を視野に入れた経営管理を行

うことが有効である。また，自社の強みを把握して，伸ばしていくことも重要である。この点，強みや弱みを把握する上で有効な手段の一つが，ローカルベンチマーク（通称：ロカベン）である。検索エンジンで「ローカルベンチマーク」と検索すれば，経済産業省のウェブサイトから無料でエクセル形式のファイルがダウンロードできる。事業の経営状態を把握するための診断ツールであり，事業性評価の手始めに有益である。行政機関や支援機関，金融機関も利用しており，将来的な金融機関や支援機関との取引を見据えても，活用すべきツールである。

ロカベンでは，6つの指標（売上持続性，収益性，生産性，健全性，効率性，安全性）による財務情報と4つの視点（経営者への着眼，関係者への着眼，事業への着眼，内部管理体制への着眼）による非財務情報で，企業の現状を把握することになる。対象企業の属する業界も選択するよう設計されており，財務情報の業界平均値からの乖離を評価するのに用いられ，非財務情報と併せて総合的に企業の現状を判断する。

事業承継資産に関する「見える化」においても，発行済株式と株主の整理，相続財産の特定，税額試算など，資産そのものや財務情報として捉えられるものを把握する必要がある。併せて，ノウハウや技術など「見える化」の難しいものや，後継者候補が取引先・親族株主などのステークホルダーと適切な関係を築けているかといった側面，ロカベン用語を引用するなら「非財務情報」の現状も把握する必要がある。

「磨き上げ」では，自社の強みや弱みをベースに，本業の競争力や組織体制の強化，業績が悪化した事業の再生や撤退を行う。後継者候補の育成や右腕経営者の採用，承継に伴う従業員教育，経営理念の浸透など事業承継固有の内容も，組織体制強化のための「磨き上げ」である。

(3) 関係当事者を巻き込む

　事業承継を円滑に進めるために，関係当事者の協力は非常に重要である。事業承継は会社の経営体制の変革にかかわる一大事であり，関係当事者たちの理解なしでは成功しない。事業承継に協力してもらうためには，関係当事者を巻き込むことが有効である。どこか他人事のように見守っていた人たちに，何らかの役割を与えて自分事として事業承継に取組んでもらうことで，彼らの意識向上が期待できる。また，必然的に関係当事者たちとコミュニケーションを取る頻度や密度が上がり，事業承継への理解を促すことにもつながる。このように，周囲を抱え込んで後戻りできない環境を作っておくことは，事業承継を成功させる大きな要因となる。

　冒頭で，「事業承継を始めるぞ！」と経営者自身が決めた時から事業承継は始まると述べた。しかし，外部からは，「事業承継を開始するぞ！」と経営者が周囲に宣言した時から始まるように見える。経営者の心の内に留めておく限り容易に決断の撤回ができてしまう。経営者自身のこうした翻意に対する抑止力として，周囲の関係者に経営者が「事業承継を始めるぞ！」とはっきり宣言することが求められる。宣言することで，単なる思いが関係当事者に対する責任へと昇華する。このように，経営者の覚悟が備わったときこそが，真の意味でのスタート時期である。

5. 事業承継に対する支援策

　関係当事者は，利害関係で結びついた当事者である。したがって，事業承継そのものについて適切なアドバイスがもらえるとは限らないし，公正な立場で助言してくれるとも限らない。そこで，利害関係のない公的な相談・支援制度を利用することも，円滑な事業承継を進めるうえで

有効である。『2017年版中小企業白書』(p.232)でも,「事業承継に向けたステップ」を紹介する中で,行政機関や支援機関に対し,事業承継のきっかけ作りに活用するよう促している。

事業承継における支援体制は,役割により大きく2つに大別できる。1つ目は,日々の相談を受け,基本的な情報を提供し,早期に承継準備を始める必要性を説明するなどの役割である。2つ目は,事業承継に関する相談の内,高度で専門的見地を必要とする事案について,具体的な支援を行う役割である。前者の役割を果たすのが,日頃から中小企業等の経営者と接する機会の多い,全国の商工会・商工会議所,よろず支援拠点,中小企業支援センターなどである。後者の役割は,事業引継ぎ支援センターやM&A支援を行う民間企業等が担っている。また,税理士や弁護士などの専門家も後者に含まれる。必要に応じて支援事案を後者に繋ぐことも,前者の支援策の一部である。

ここでは,よろず支援拠点と日本M&Aセンターを,前者と後者それぞれの代表例として紹介する。併せて,その他にも事業承継において活用できる情報を紹介する。

(1) よろず支援拠点M&Aセンターなどの相談・支援

独立行政法人中小企業基盤整備機構(中小機構)は,全国47都道府県に設置されている中小企業・小規模事業者の抱える様々な経営課題に応えるワンストップ相談窓口「よろず支援拠点」を,全国本部としてサポートしている。

「よろず支援拠点」では,中小企業・小規模事業者の経営上の悩みを傾聴し適切な解決策を提案するため,売上・販路拡大,経営改善計画の策定,事業再生等に関する助言の提供など,実に多様なニーズに対応できる専門家を各拠点に配置している。「よろず支援拠点」は,経営に関

する様々な問題に関して，何度でも無料で相談を受け付けている。相談内容によっては適切な支援機関を紹介するため，地域の専門家や支援機関とも連携してワンストップで相談できる体制を整えている。ただし，専門家への相談においては，費用が発生する可能性があるので，事前に費用を確認することが望ましい。

(2) 日本M&Aセンター

　株式会社日本M&Aセンターは，中堅・中小企業に特化したM&Aの仲介やコンサルティングを行う民間企業である。東京に本社を，大阪，名古屋，福岡に支店を，札幌に営業所を置き，これら5つの拠点で全国展開している。金融機関や商工会議所などのネットワークを通じて，或いは自社で開催するセミナー等を通じて，相談が寄せられる。譲渡を希望する企業の9割近くが後継者不在である。

　小規模事業者が買い手企業を見つけることは，労力的にも費用的にも負担が大きく非常に困難であった。同社は，インターネット上で事業承継支援を行うサービスを2013年に開始した。サービス利用企業は，税理士や公認会計士など自社認定の公認事業引継ぎアドバイザーによって専用システムに登録される。その過程で，アドバイザーに相談しながらM&Aを進めていける。また，資料作成などの必要な準備はアドバイザーがシステム上で行うものが多く，M&A契約までの手続きの簡潔な推進により大幅な低コスト化を図っている。これにより，小規模事業者が事業売却する上で抱えている労力的・費用的側面の問題が緩和され，後継者不足問題解決の一つの選択肢としてM&Aを視野に入れて検討しやすくなった。

コラム 経営者保証に関するガイドライン

　経営者が借入れに対して担保の提供などを通して個人保証することは，企業の信用を補完する手段として有効であり円滑な資金調達に寄与している。しかし，思い切った事業展開などリスクの高い方向へのかじ取りをする際の足かせとなっているのも事実である。個人保証がセットでついてくる事業承継の場合，ただでさえ困難な後継者確保がさらに困難となる。企業の経営におけるこうしたマイナスの効果に加え，金融機関が安易に個人保証に依存することで本来融資に求められている機能を果たさなくなる，個人保証の慣行化によるコミュニケーション不足から，融資する側と受ける側の信頼関係が損なわれるといった弊害も憂慮される。

　参考までに，金融機関が個人保証を徴求しない場合に，どのような理由があるかを調査したアンケート結果を以下に示す。これらに該当すれば，現在個人保証をしている経営者も，個人保証を外せる可能性がある。

　個人保証を徴求しない理由の内，回答数の多かった順に挙げる。（上位6位まで）

①財務状況が良好である　　②他行が代表者保証を受け入れていない
③サラリーマン社長である　　④上場している
⑤担保ですべて保証されている　　⑥会社の保有資産が多い

　このような状況のもと，2013年12月に「経営者保証に関するガイドライン」が策定された。翌年2月から運用が開始された同ガイドラインのポイントは，以下の通りである。

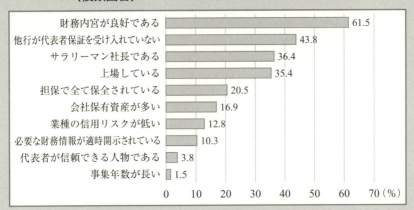

【図表1-7】金融機関が考える個人保証を徴求しない企業の特徴
（複数回答）

注：「その他」は表示していない。
（資料）中小企業白書（2013），中小企業庁委託「平成22年度個人保証制度及び事業再生に関する金融機関実態調査」（2011年3月，山田ビジネスコンサルティング㈱）

・法人と経営者の関係が分離されている場合，その他一定の要件を満たす場合，経営者の個人保証を求めない。また，既存の保証契約の見直しを検討する。
・事業再生への早期着手などにより債権回収見込みが増加した場合，99万円の自由財産に加え，生計費（一定期間）や華美でない自宅などを保証人の残存資産に含めるよう検討する。
・保証債務の内，保証債務履行時に返済しきれない残額を，基本免除対象とする。

このように，同ガイドラインは経営者保証に依存しない融資の促進を目指しているが，そのためにはお互いの信頼関係が重要である。この前提に立って，同ガイドラインでは債務者・保証人と債権者に以下のよう

な「お願い」をしている。

　まず第1に，債務者・保証人に対しては，法人と経営者個人の関係を明確に区分・分離することが求められる。とくに中小企業では，経営者が会社に個人的な貸付や事業資産の提供を行い，両者の線引きが明確でない場合が往々にしてある。法人と経営者個人との関係を明確に区分・分離することで，それに伴う資金のやり取りも明確になり，適正な運用が促される。

　第2に，財務状況を正確な把握や適切な情報開示等による，経営の透明性確保が求められる。これは，一つ目の要求に応えていれば対応は困難ではないだろう。適時情報開示により経営を「見える化」できれば，融資を行う金融機関との信頼関係構築にもつながる。

　第3は，財務基盤の強化である。財務基盤強化により返済能力が向上すれば，やはり金融機関への信用力強化にもつながる。

　債権者に対しては，債務者たる法人と経営者個人の関係が明確に区分・分離されるなど一定の条件を満たすことで，経営者保証を求めないことや代替的融資を検討することが求められる。また，経営者の個人保証を求める場合，その必要性について丁寧且つ具体的に説明することが望ましい。

　前出の金融機関が個人保証を徴求しない理由に関するアンケート結果にも表れている通り，債務の弁済能力を別途示すことができる場合，個人保証を徴求されずに融資を受けられる可能性がある。また，同じ中小企業であっても，金融機関によって当然対応が異なる。したがって，粘り強く多くの金融機関に足を運んで相談を続ける努力をすることが望ましい。併せて，前述のローカルベンチマークを用いた自社事業の「見える化」も有効である。

　個人保証問題が足かせとなり事業承継に失敗し，民事再生法の適用に

至った保安設備事業のA社の事例が，中小企業白書（2006）で紹介されている。A社は，創業者が早くに他界した後，親族承継が行われなかった。その後，同社の堅調な業績が継続したことも後押しして，大手取引先から何代にも渡って代表者の派遣を受けることとなる。景気の悪化に伴い業績が悪化し始め，当時の代表者が急逝したあたりから悪循環が始まった。代表者の派遣元企業は，歴代の代表者に要求されてきた取引先金融機関への個人保証のリスクなどの理由から，代表者派遣を取りやめた。そこで，社内から生え抜き社員が代表者に就任した。しかし，個人保証徴求の要請を拒み続け，1年で辞職した。つぎに代表者に就任した別の生え抜き社員は，渋々保証人となることに応諾した。社員たちは経営者を目指すモチベーションを削がれ，リーダーシップを発揮する者も現れなかった。このような環境下で，業況は回復せず，A社は民事再生法の適用を選択するに至った。

　本来，中小企業の事業拡大などを目的とした資金調達を支援するために，取引先金融機関が存在する。それにも拘わらず，個人保証という主たる事業活動そのものとは関連性の低い事項が足かせになることは，非常に残念である。A社のような企業を今後増やさないためにも，金融機関と中小企業が日常的にコミュニケーションを取り合い，信頼関係構築と適切な情報共有に努める必要がある。

(3) 分社化の活用

　後継者候補が事業承継にしり込みしている大きな要因が，経営者の個人保証であることは本章コラムで既に述べたとおりである。経営者個人の信用や会社の経営環境を，個人保証が不要な程度に押し上げて金融機関を納得させるのも個人保証を外す一つの方法であるが，会社を分社化

して別会社として経営を開始する方法もある。別法人となるため，元の会社（分割会社）に紐づいている経営者保証は原則として新しい会社に承継されない。事象承継という会社組織の大変革が図られる中，分社化を含めたスキームを描くことは後継者候補の負担軽減を内包した合理的な経営判断と言える。

(4) 事業承継税制の活用

　事業承継における非上場株式等の相続税・贈与税の納税を特例的に猶予するため，事業承継税制が2009年度税制改革で創設された。後継者が非上場株式を相続した場合その2/3を上限に80％（2/3×0.8=53.5％（実質））を，受贈した場合その2/3を上限に100％（2/3×1.0=66.7％（実質））について納税を猶予するものである。また，相続・贈与申告期限後5年間は以下に代表される諸条件を満たすことが求められており，充足しなくなった場合は納税猶予は打ち切りとなる。

　当該税制は，2013年度税制改革（2015年1月施行）の大幅な要件緩和などにより制度の拡充が図られ，現在以下のような条件が提示されている。なお，比較的頻繁に改正が行われており，適宜最新情報の確認が必要である。

- 5年間平均で，雇用の8割以上を持続すること
- 後継者が会社の代表者を継続すること
- 贈与税の場合，先代経営者が代表者を退任すること（役員は継続可能）
- 従来後継者を先代経営者の親族に限ってきたが，親族外承継も対象

　本納税猶予が「特例的」である旨は前述の通りであるが，2018年度

の税制改革ではさらに「10年間の特例措置」が新たに創設され,事業承継の納税猶予が二本立てになった。これについては,事業承継計画書との関連性が高いため,第6章で述べることとする。

(5) 事業承継における従業員持株会などの活用

　事業承継において後継者は様々な困難に遭遇する。その一つが,会社の経営（株式）を相続した際の相続税である。法人を引き継ぐことで発生する相続税に対応するだけの資産を用意することは,後継者にとって大きな負担であることは変わりない。

　対応策として,従業員持株会の利用も一つの方法である。従業員持株会は,従業員の拠出により取得した自社株式の運用・管理を行う任意組合である。経営者が保有する株式を従業員持株会に移行することで,相続対象となる株式が減少し,その分相続税の評価額が小さくなる。実は,それだけではなく,本書で強調する「全員参加型経営」に通じる制度であり,その観点からも事業承継におけるメリットは大きい。

　各都道府県の信用保証組合等でも,持株会社への株式の集約をサポートする動きが出てきている。たとえば,千葉県信用保証協会では,事業承継サポート保証「みらい」を2015年10月に開始し,後継者が設立した持株会社が承継対象企業の株式を取得するための資金繰りを支援している。これは,発行済議決権株式総数の三分の二以上を後継者が保有する持株会社が,承継対象企業の発行済議決権株式総数を取得するための資金融資を金融機関から受けるにあたり,経済産業大臣の認可等を得ることなく信用保証協会が持株会社の保証人となる制度である。ただし,事業承継計画を策定している等,一定の要件を満たすことが必要になる。

(6) 人材開発支援助成金

これは，以前は「キャリアアップ助成金」と言われていた施策の後継の制度である。主に非正規雇用の職員を抱える法人に，以下の2つの側面から助成金による支援を提供する。

① 非正規雇用の職員に対して職務に関連するセミナー等を受講させた場合，1人当たり10万円支援する。
② 非正規雇用の職員がセミナーを受けるために費やした労働時間に対しても，これを補填する形で助成金が支給される。

詳細は，「第7章 従業員を教育する」の中で，教育の一環として提供されるセミナーの開催に触れる際に紹介する。

6. おわりに

本章では，中小企業経営者の高齢化傾向，その背景にある後継者不足，親族承継を望む経営者が多い現状を紹介した。そのことを前提に，事業承継の心構えとして，(1) 早期開始と計画を意識する，(2)「見える化」と「磨き上げ」を理解する，(3) 関係当事者を巻き込む，の3つを挙げた。

早期開始と計画を意識することは，事象承継準備時期に起こる様々な問題に余裕を持って対応でき，後継者を迎えるための社内の雰囲気づくりにもつながる。「見える化」と「磨き上げ」を理解したうえで実施することが，後継者が安心して会社を引き継ぐために重要なプロセスになる。また，関係当事者を巻き込むことで，全社一丸となって事業承継に取り組むための当事者意識の醸成や，経営者自身が自らを律して取り組む環境づくりが期待できる。

本章では直接触れなかったが，後継者と併せて右腕経営者の登用も事

業承継における重要な要因である。第2章では後継者の確保，第3章では右腕経営者の確保について詳しく述べる。

〔参考文献〕
・日本公認会計士協会（2017）『事業承継支援マニュアル改訂版』日本公認会計士協会出版局
・牧口晴一・齋藤孝一（2018）『九訂版図解＆イラスト中小企業の事業承継』清文社
・みんなの事業承継研究会（2018）『最初からそう教えてくれればいいのに！事業承継のツボとコツがゼッタイにわかる本』秀和システム

第2章 後継者を確保する

1. はじめに

　事業承継を行うためには，まずは後継者を確保する必要がある。しかし，近年の日本の中小企業においては，後継者難が大きな課題とされている。後に示すように，会社を引継ぎたいと考えている50代か60代の経営者の半数近くは後継者が決まっていないか，後継者の了承を得ていない。

　第1章でも説明したように，後継者の候補としてまず考えられるのは，現経営者の子や孫，あるいはその他の親族である。しかし，親族に後継者の候補者がいたとしても，それで安心できるわけではなく，現経営者から明確な意思表示をして，候補者から了承を得る必要がある。後継者からの了承がなければ，事業承継に向けた準備を始めることはできない。

　近年の後継者難を踏まえれば，たとえ現経営者が若くても，早めに後継者確保に向けた準備が必要である。とくに，親族から後継者を確保することが困難であれば，親族外への承継を考える必要があり，それには相応の時間が必要である。また，親族外から後継者を探すとなれば，様々な選択肢が可能となるが，逆に言えば，自社にとって，どのような後継者が望ましいのかを考える必要がある。

　実は，後に示すように，近年の日本の事業承継においては，他人承継が半数を占めているとする調査結果も示されている。親族に後継者の候補がいない場合はもちろんのこと，候補者がいたとしても，親族以外への承継も選択肢の一つとして視野に入れておくことは可能である。本章では，事業承継開始と同時に大きな課題となる後継者難の現状について整理するとともに，親族外承継の可能性と課題について解説する。

2. 後継者確保の難しさ

　繰り返しとなるが，事業承継を始めるためには，後継者の確保が最初の一歩である。しかしながら，多くの企業において，事業承継の候補者がいない，あるいは候補者がいたとしても，候補者から同意を得ていないとされる。

　図表2-1は，2017年の中小企業庁の委託調査において，「経営者の年代別に見た，後継者選定状況」の調査結果である。この結果を見ると分かるように50代の経営者で後継者が決まっていて，かつ了承を得ている企業は25.2％と1/4に過ぎず，60代や70代の経営者でも50％前後となっていることが分かる。端的に言えば，半数以上の中小企業におい

【図表2-1】後継者の選定状況

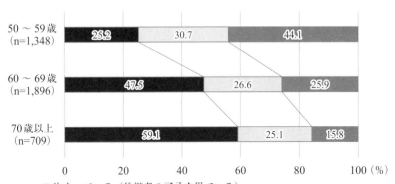

■ 決まっている（後継者の了承を得ている）
□ 候補者はいるが，本人の了承を得ていない（候補者が複数の場合を含む）
■ 候補者もいない，または未定である

注：中小企業庁委託「企業経営の継続に関するアンケート調査」（2016年11月，㈱東京商工リサーチ）
　　事業承継の意向について，「誰かに引き継ぎたいと考えている（事業の譲渡や売却も含む）」，「経営の引継ぎについては未定である」と回答した者を集計している。
（資料）中小企業白書（2017）から筆者作成

【図表2-2】後継者確保に対する考え方

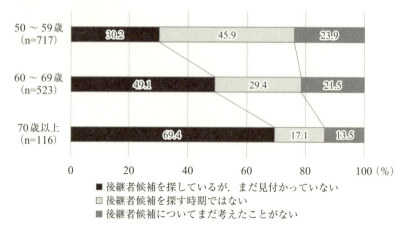

注：中小企業庁委託「企業経営の継続に関するアンケート調査」（2016年11月，㈱東京商工リサーチ）
　　経営を任せる後継者について「候補者もいない，または未定である」と回答した者を集計している。
（資料）中小企業白書（2017）から筆者作成

て，後継者が確保されていないことになる。

　続いて，図表2-2は，後継者がいない経営者に「後継者確保に対する考え方」を聞いた質問である。当たり前であるが，後継者を探している企業は経営者の年代とともに増加している。50代の経営者でも30％の経営者が「探しているが見つからない」と回答しており，60代の経営者は約半数，70代の経営者では70％近くの経営者が後継者見つからないことに困っていることが分かる。後ほど示すように後継者の候補が見つかったとしても，その後継者を説得する期間は数年以上の時間がかかることもあり，早めの準備が必要であることを踏まえれば，遅くとも，50代の後半からは後継者の候補を探すことが不可欠と考えられる。

3. 後継者を探し始める

　40代以下の経営者であれば，まだ後継者を探す時期ではないというのは理解できる。ただし，後継者を探すとしても，簡単に見つからない場合が多いことを考えると，経営者は50代から後継者を探し始めることが望ましい。

　それでは，誰を後継者の候補として想定するべきなのだろうか。近年は，他人承継が半数を超えてきているという調査結果があるものの，今までの中小企業の多くは，創業者自身が経営をしているか，あるいは，創業者の親族が経営している，いわゆるファミリービジネス（親族経営企業）であると考えられる。それを踏まえれば，多くの中小企業の経営者は，まずは親族を後継者に，と考えるのが自然であろう。実際に図表2-3は，後継者候補の選定にあたって，「後継者として検討した対象」を聞いた調査結果である。ここでは，それぞれ，「後継者が決まっていて，本人も了承している」「後継者が決まっているが，本人の了承を得ている」「後継者候補が見つかっていない」の三者に分けて集計がなされている。まず，注目すべきは，後継者が決まっていて，本人も了承が得られている経営者の約3分の2が「子供と孫を候補者として検討した」と回答している。また，割合は少ないものの，子供や孫以外の親族を候補者として検討している経営者もいて，子供や孫とも合わせれば，親族に候補者がいれば，後継者確保が比較的容易であることが分かる。

　一方，本人の承認をまだ得ていない経営者においても親族を検討した経営者が50％を超えており，後継者が見つかっていない経営者でも40％程度となっている。そのため，やはり，後継者候補としては，最初に親族と考えている経営者が多いことが分かる。

　この調査では，明確に「娘婿」という文言が質問項目に示されていな

【図表2-3】 後継者選定状況別に見た，後継者選定に当たり行った検討

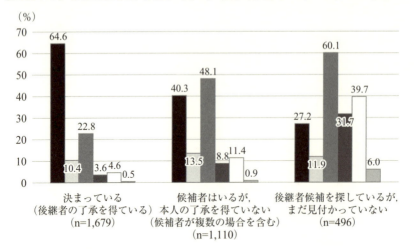

- ■ 子供や孫を候補者として検討
- □ 子供や孫以外の親族を候補者として検討
- ■ 親族以外の役員・従業員を候補者として検討
- ■ 候補者を社外から招聘することを検討
- □ 事業の譲渡・売却・統合（M&A）を検討
- ■ 廃業を検討

注：中小企業庁委託「企業経営の継続に関するアンケート調査」（2016年11月，㈱東京商工リサーチ）
　　　複数回答のため，合計は必ずしも100%にはならない。
（資料）中小企業白書（2017）から筆者作成

い。ただ，子や孫，あるいは子供や孫以外の親族の中に含まれていると考えられ，実務的には娘婿が後継者として重要な候補になっているはずである。実は，娘婿による事業承継の企業のパフォーマンスが比較的高いとする研究成果もある（沈（2010））。

ただし，図表2-3においては，親族以外の役員・従業員を検討する経営者も少なからずいることにも着目すべきである。とくに，後継者が見つかっていない経営者においては，「親族以外の役員・従業員を候補者として検討」と回答した割合が60.1%と高い数字を示している。また，後継者が見つかっていない場合には，後継者を社外から探す，あるいは

【図表 2-4】 後継者・後継者候補への引継ぎ意思の伝達

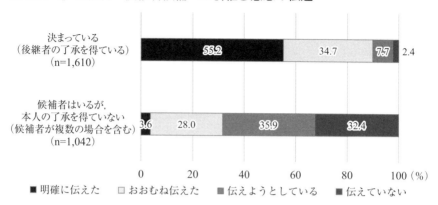

注：中小企業庁委託「企業経営の継続に関するアンケート調査」(2016年11月，㈱東京商工リサーチ)
(資料) 中小企業白書 (2017年) から筆者作成

事業の譲渡・売却なども検討している経営者も少なくないことが分かる。

以上のように後継者の確保は必ずしも容易ではない。また，後継者の候補が既にいる場合でも，候補者への明確な引継ぎの意思表示が重要になる。

後継者の候補がいるものの，まだ明確に後継者本人に意思を伝えていない経営者も多い。図表2-4は候補者への意思表示についての回答結果である。両者とも事業承継の候補者がいる経営者への質問であるが，後継者からの了承の有無で集計が行われている。候補者からの了承を得ていないという経営者のほとんどが明確に意思表示をしていないことが分かる。

さらに，候補者に明確な意思を伝えたとしても，必ずしも，すぐに候補者が了承するとは限らない。図表2-5は後継者の選定を始めてから了承を得るまでにかかった期間を示したものである。候補者から明確な了

【図表2-5】後継者の選定を始めてから了承を得るまでにかかった時間

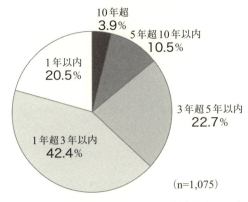

(n=1,075)

注：中小企業庁委託「企業経営の継続に関するアンケート調査」(2016年11月，㈱東京商工リサーチ)
　　経営を任せる後継者について「決まっている（後継者の了承を得ている）」と回答した者を集計している。
(資料) 中小企業白書 (2017) から筆者作成

承を得るのに1年もかからなかったと回答した経営者は20％程度と少ない。候補者からの了承に3年以上もかかっている割合も4割程度となっている。

4. 他人承継の可能性

　前節までの分析で分かるように，中小企業であれば，後継者を子や孫を第一の候補にする経営者が多く，また，その方が後継者から了承が得やすいと考えられる。しかし，その一方で，近年，日本においては，親族内に候補が見つからないという中小企業が増えているのも事実である。

　実は，経営者交代の調査において，親族内の承継と親族外の承継の割合を見ると，実は親族外承継の方が多いという調査結果が公表されてい

る。図表2-6は東京商工リサーチが分析し，中小企業白書に掲載されているデータから親族外承継の割合を算出したものである。図表は2007年からのデータであるが，いずれの年も親族外の承継が50％を超えていることが分かる。

【図表2-6】親族内承継と親族外承継の数と親族外承継の割合

年	親族外（件数）	親族内（件数）	親族外の割合（％）
2007	18,712	15,872	54.1％
2008	19,807	16,231	55.0％
2009	20,987	16,121	56.6％
2010	20,058	15,572	56.3％
2011	19,417	15,666	55.3％
2012	19,939	16,699	54.4％
2013	20,397	16,952	54.6％
2014	19,468	15,771	55.2％
2015	19,104	16,131	54.2％

注：㈱東京商工リサーチが保有する企業データベースに収録されており，2015年12月時点で活動中であることが確認でき，2006年～2015年の間に1度以上経営者が交代している中小企業を対象としている。
（資料）中小企業白書（2017）から筆者作成

　ここでいう親族内承継とは，同一の名字で生年月日の異なる人物に経営者交代した企業を集計している。また，親族外承継とは，名字が異なり，かつ生年月日が異なる人物に経営者交代したものを集計している。したがって，名字の異なる親族に経営者交代した場合は，親族外承継に集計されるため，親族外の承継が大きな数字となることにも注意が必要であるが，それを踏まえても親族外承継の割合が一般に想定されるよりも多いと言えるのではないだろうか。
　親族外の承継においては，まずは，親族外の役員や従業員を候補とす

ることが多いと考えられる。長年従事している役員や従業員であれば，会社の経営方針や内情に精通しており，何よりも顧客や協力企業など外部との関係も比較的容易に維持することが期待できる。ただし，これが本書で主張したい大きな主題の一つであるが，長年にわたって企業に勤めている役員や従業員は，社内外の事業に精通しているといっても，すぐに一人前の経営者として活躍すると期待すべきではない。とくに現経営者が偉大で，優れたリーダーシップを発揮している場合にこそ難しいかもしれない。なぜなら，その他の役員や従業員は，優れた現経営者の指示に従うことが当然と考えていることが多く，経営者の交代に大きく戸惑い，それを受け入れるための意識改革が不可欠だからである。これは，いわば偉大な経営者が事業承継において直面するジレンマである。

　日本には100年以上続くような老舗企業が多いと言われているが，それでも，多くの企業は，第二次世界大戦後の高度成長期に設立された。そして，それらの企業の経営者は，創業経営者として活躍したものの，正に事業承継に直面している企業が多い。創業経営者は一から企業を立ち上げた「起業家」であり，多くの経営者は卓越したリーダーシップを発揮していると考えられる。これは決して悪いことではないが，それがゆえに他の役員や従業員は，その創業経営者に指示にしたがっていれば十分であり，会社を率いていこうとする当事者意識が希薄であることは，むしろ当然とも言える。

　そのため，本書の冒頭での事例紹介，あるいは後半で述べているように，役員あるいは従業員の意識改革が事業承継において不可欠であると筆者らは考えている。すなわち，組織体制の変革や役員と従業員の意識改革も含めた経営の根本を大きく変えなければ，本当の意味での事業承継の成功は難しいと考えられる。この点は，本書でも繰り返し述べる事業承継成功の前提である。

さらに，後継者がどうしても，親族あるいは親族外の役員や従業員では見つからない可能性もある。その場合は，社外からの経営者の招聘，あるいはM&Aによる事業承継も視野に入れる必要がある。日本では，M&Aを敬遠する経営者・従業員も多くいたが，近年急速にM&Aによる事業承継が増えている。ただし，M&Aの場合は自分で売却先を見つけることは困難であり，専門家の協力が不可欠である。この点について，次節で紹介しよう。

5. 専門家等への相談

　筆者らは，M&Aを視野に入れるためだけでなく，事業承継の準備を始める場合には外部の専門家を活用することが不可欠であると考えている。それは後継者の選定においても有効である。前節で述べたように，後継者の候補は，まず，子や孫など親族を念頭に置くことが自然であるが，それだけでは，候補者が見つからないことも十分想定される。つぎに想定されるのは親族でない役員や他の従業員であるが，このような場合には，第三者の専門家からの客観的な意見を踏まえた選定も有効である。さらに，候補者がいても，その本人の了承を得ていない経営者が多いことは既に述べたが，説得の方法などについても第三者のアドバイスは大変参考になると考えられる。

　図表2-7は，事業承継における相談相手を後継者が決まっている経営者と決まっていない経営者で集計した結果である。

　まず，一番多い相談相手としては，顧問の会計士や税理士である。会計士や税理士は，常日頃から中小企業の税務・会計を担当する専門家であり，中小企業にとって，一番身近な相談相手である。また，親族や友人知人に続いて，こちらも第三者として日常相談相手となっている取引

【図表2-7】事業承継における過去の相談相手

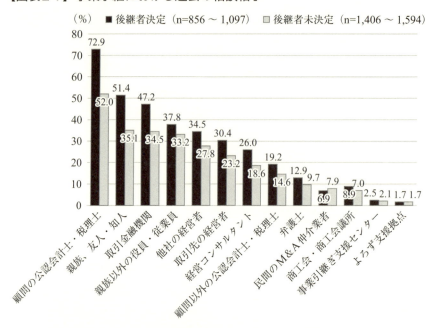

注：中小企業庁委託「企業経営の継続に関するアンケート調査」（2016年11月, ㈱東京商工リサーチ）
1. 複数回答のため，合計は必ずしも100％にはならない。
2. ここでいう「経営コンサルタント」とは，中小企業診断士，司法書士，行政書士を含む。
3. それぞれの項目について，「相談して参考になった」，「相談したが参考にならなかった」と回答した者を集計している。

（資料）中小企業白書（2017）より筆者作成

金融機関などが挙げられている。そして，順番としては低いものの，経営コンサルタントや弁護士など外部の専門家にもアドバイスを求めている経営者もいることが分かる。

なお，後継者が決定している経営者と後継者が決定していない経営者において，それほどの差がないとも言えるが，ほとんどの相談相手において，後継者が決定している経営者の方の割合が高くなっている。やは

り，事業承継を積極的かつ，早めに第三者に相談している経営者の方が後継者は決まりやすいことを示唆している。

ここでは，割合は未だ低いものの，M&Aセンターや事業引継ぎセンター，よろず支援拠点などを活用している経営者もいることが示されている。これらの専門の支援機関への相談も一つの選択肢であることを覚えておくことも重要である。

後継者がどうしても見つからない場合には，自社を売却するM&Aも一つの選択肢である。当たり前であるが，経営者がいなければ企業は成立しない。そのため，経営者が引退するときに経営を引き継ぐ後継者がいなければ，その企業は廃業することになり，長年貢献してくれた他の役員や従業員の雇用が失われてしまう。これを避けるためには，従来日本では敬遠されていたM&Aが有効な選択肢の一つとして，中小企業においても急速に認知されてきている。

それでは，実際に日本の中小企業において，M&Aへの関心がどの程度高まっていると言えるのだろうか。この点，興味深い調査結果がある。図表2-8は経済産業省の委託により，三菱UFJリサーチ＆コンサルティング株式会社が実施した調査結果の一部である。これによると「まったく考えていない」と考える企業が半数を占めるものの，「積極的に取り組んでいく」あるいは「良い話があれば検討したい」という前向きな考えを持っている企業が3割程度いることになる。

さらに，M&Aの今後の実施意向について「まったく考えていない」と回答した企業を除いた企業に対して，「M&Aの買い手か売り手」として関心があるかという点について質問した結果が図表2-9である。これによると，実は買い手としての関心が約2/3を占めている。売却される企業を探している企業の方が多いということから，事業承継において後継者候補が見つからない企業にとって，M&Aが重要な選択肢の一つ

【図表2-8】M&Aの今後の実施意向

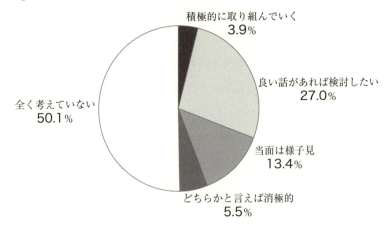

注：中小企業庁委託「成長に向けた企業間連携等に関する調査」(三菱UFJリサーチ＆コンサルティング㈱ (2017))
(資料) 中小企業白書 (2018) より筆者作成

【図表2-9】今後のM&Aの実施意向

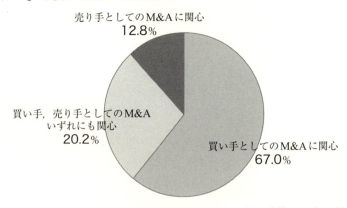

注：中小企業庁委託「中小企業の事業再編・統合，企業間連携に関する調査」(三菱URFリサーチアンドコンサルティング (2017))
(資料) 中小企業白書 (2018) より筆者作成

となり得ることが分かる。

　ただし，M&Aの成約率は必ずしも高くはない。日本全体の正式な調査結果はないが，参考までに，事業引継ぎセンターにおける公表数値がある。直近の2016年度において，6,292件の相談企業数に対して，事業引継ぎ件数は430件であり，これに基づくと，いわゆる成約率は6.8%である。これは相談に対する件数であり，具体的に事業承継に向けた準備を本格的に行った企業に対する成約率ではない点には注意が必要であるが，成約率はかなり低いと言わざるを得ない。すなわち，M&Aという選択肢が急速に日本でも認知されてきているものの，その成約率は未だ高くないことは十分理解しておく必要がある。

6. おわりに

　本章では，事業承継の最初の課題である「後継者の確保」について解説を行った。中小企業の事業承継においては，親族への承継が一般と考えられているかもしれないが，近年においては，親族内に後継者を見つけることは決して容易ではなく，親族外に承継している企業が半数を超えているという調査結果があることも示した。また，運良く，親族内に後継者の候補がいたとしても，早めに経営者が意思表示をして，後継者候補からの承諾を得ることも重要であることを述べた。

　いずれにしても，事業承継の準備を始めるためには，後継者を確保することが重要であり，後継者を確保するための行動は早期に開始することが求められる。とくに親族内に後継者候補が見つかりそうになければ，既に勤務している役員や従業員とも率直な相談を行い，早めに後継者の候補を定めて，育成を開始する必要がある。役員や従業員も後継者とすることが難しければ，外部からの招聘やM&Aなども視野に入れな

ければならないが，これには，さらに時間がかかることも認識していなければならない。

〔参考文献〕
・沈政郁（2010）「日本の同族企業：長期データセット（1955〜2000年）を用いた実証分析」一橋大学博士論文

第3章

右腕経営者を見出す

1. はじめに

　首尾よく後継者を見つけ出すことができたとしても，それだけでは事業承継を成功に導くことは難しい。現経営者と後継者は親族関係にあることが多く，気脈が通じ合うことが多い反面，感情がこじれると事業承継はまったく進まない。反対に，親族以外の他人が事業を承継するにあたっては互いの信頼関係を醸成するまでに時間がかかる。そこで，円滑な事業承継の進行役として経営の補佐者である「右腕経営者」の果たす役割が非常に大きくなる。現に，右腕経営者の不在は，事業を引き継いだ際に問題となったこととして，多くの経営者が回答している。

　本章では，経営の補佐者である右腕はどのように位置づけられるのかを考察し，右腕経営者の果たす役割とその適正を考察する。また，右腕経営者が果たす役割が従業員全員を巻き込んだ全社型経営に繋がることを論じたうえで，右腕経営者のモチベーションを向上させる方法を提案する。これらは，いずれも現経営者の視点で語られる傾向にある事業承継の課題を，後継者の視点から見直すことで解決しようと試みるものである。

2. 経営における右腕経営者の位置付け

　事業承継における最も大きな課題が後継者の不在であることは，第2章で考察した通りである。では，後継者が見つかった後，実際に事業承継を行うに際しては何が課題となるのであろうか。これは，実際に事業承継の過程を経験しなければ判明せず，経験者へのヒアリングを通じて抽出された結果を示す。

　図表3-1は，2016年の中小企業庁の委託調査において，「企業経営の

【図表3-1】事業を引き継いだ際に問題になったこと

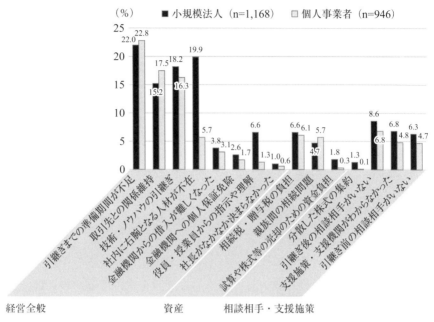

（資料）中小企業白書（2017）から著者改定

継続に関するアンケート」を行った調査結果である。このアンケートは，小規模法人と個人事業者に対して行われており，共に事業を引き継いだ際に最も問題となったのは，「引継ぎまでの準備期間が不足していた」ことである。小規模法人の22.0％，個人事業者の22.8％がそれぞれ問題点として挙げており，第1章でも述べたとおり経営者は早目に事業承継の実行に着手する必要があることがわかる。

次いで問題となった点は，個人事業者においては「取引先との関係維持（17.5％）」，「技術ノウハウの引継ぎ（16.3％）」であるが，小規模法人ではこれらを抑え「社内に右腕経営者となる人材が不在」が挙げられている。これは，小規模法人は個人事業者に比べて従業員の数が多く，

【図表3-2】 右腕経営者の有無と従業者数増加率

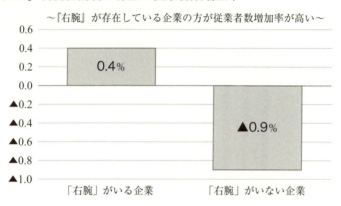

（資料）中小企業白書2005から著者改定

　経営者による管理・監督に限界があることを指していると思われる。したがって，組織の規模を拡大して効率的な経営を実践するためには，経営者の補佐者の存在が不可欠と言える。このことは，右腕経営者の有無により企業の成長の違いを示す次のデータ（図表3-2）からも見ることができ，右腕経営者が存在する企業の方が，存在しない企業に比べて従業者増加率が高いことがわかる。

　つぎに，中小企業ではどのような人材を右腕経営者として登用しているのかを確認する。経営者は，右腕経営者に何を求め，どのような点に着目して適正を判断しているのだろうか。

　図表3-3も図表3-1と同様，2016年の中小企業庁の委託調査において，「企業経営の継続に関するアンケート」を行った調査結果である。この調査では，小規模法人及び個人事業者に加え，中規模法人を含めた調査が行われている。

　経営者を補佐する人材と考える理由として「後継者または後継者候補だから」が，どの規模の組織においても筆頭に挙げられており，事業規

【図表3-3】組織形態別に見た経営者を補佐する人材と考える理由

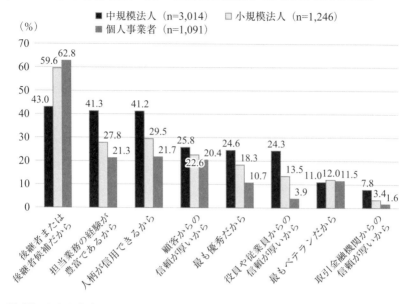

（資料）中小企業白書（2017）から著者改定

模が小さくなるほど，後継者を右腕経営者に登用する傾向が高くなっていることがわかる。後に紹介する2003年版『中小企業白書』の調査では，経営の補佐者の役割を「現経営者の判断の誤りを正すこと及び現経営者に足らないものを補うことよって経営に良い影響を与えること」と捉えている点に着眼すると，事業の行く末を共に考える立場にある人間にしか，相談ができなくなるのは当然の帰結と思える。

これにより，事業承継後に右腕経営者の不在が課題となる理由が分かる。右腕経営者の適正の観点から考えると，これまで補佐者だった後継者が経営者となったことにより，社内に次の後継者候補が不在となる可能性が高くなるためと結論づけられる。右腕経営者であった後継者が，事業承継に備えて自身の後継者までも見出すことは通常ないであろう。

ただし，その結果，経営者になって初めて，自らが務めていた補佐者の役割の重要性に気づくことになるのである。

　これは，事業承継の多くの課題に共通することであるが，現経営者の視点で課題を捉えることが多く，後継者の視点で分析している調査が殆どないことと無関係ではないように思える。実際，中小企業白書を中心とした事業承継に関する統計も現経営者に対するヒアリングが中心であり，後継者の視点で語られているのは「コラム」程度にすぎない。事業承継前に現経営者の視点にウエイトを置き過ぎると事業承継後に課題が生じることが，右腕経営者の不在を課題に掲げるこの調査からも見て取れる。

　また，図表3-2で考察したとおり，右腕経営者が存在することにより従業者数増加率が高まり，企業規模が拡大することが明らかである。すなわち，事業承継後の企業の成長にとって後継者の右腕経営者を見つけておくことが重要であると結論づけられる。

　以上から，事業承継の準備に際しては，現経営者の視点だけでなく後継者の視点にもウエイトを置くことが必要であり，その中でも現経営者の右腕から後継者の右腕へ「右腕経営者の承継」を行うことが極めて重要になる。

3. 後継者の右腕経営者が果たす役割

　経営の補佐者である右腕経営者の役割は，現経営者の判断の誤りを正すこと及び現経営者に足らないものを補うことによって経営に良い影響を与える点にあると述べた。これは，経営の主体が経営者である以上，当然の見方であり，自らが事業を興した創業者の補佐者像として揺るぎないものである。なぜなら，ゼロの状態から事業を興す創業には多大な

負荷がかかり，創業者には突破力や巻込力がなければ事業を軌道に乗せることなどできない反面，ワンマンになりがちな傾向が創業者にあるからである。一例を挙げれば，本田技研工業株式会社（以下「ホンダ」と略）の創業者である本田宗一郎氏は，藤沢武夫氏を補佐者に登用することにより技術開発に専念することができ，経営に対する藤沢の箴言を受け入れたことでホンダを世界企業に引き上げることができたと評されている。また，ソニー株式会社（以下「ソニー」と略）も井深大氏が盛田昭夫氏と共に創業し，経営における役割分担を徹底したことで世界にソニーの名を広げている。

　しかし，後継者の補佐者は，先代経営者の補佐者と同じ役割を果たすのみで良いのだろうか。この点においても，事業承継には後継者の視点を取り入れる必要があると筆者らは考えている。

　二代目経営者には，先代経営者の後を継ぐという創業者にはないプレッシャーがあり，先代経営者の目を気にしながら経営の舵取りを進める困難さがある。また，自身が採用したわけではない古参の社員と協調しつつ，新しい経営体制に反発する社員を抑える必要がある。そこでは，先代の経営を越えなければならないとの高揚感が生まれると同時に，先代の経営を無くしてはならないという萎縮的な効果も生じることになる。とすれば，補佐者である右腕経営者の役割も変化することになり，判断の誤りを正し足りないものを補う抑制的な立場から，経営者を鼓舞し自主性を発揮しやすい環境をつくる，主導的な役割が求められることになる。

　三代目経営者は，創業者との距離が広がることにより二代目経営者に比べて自主性を打ち出しやすい立場にあるといえ，自身のアイデアを発揮し新規事業への取組みもし易い。しかし，三代続く企業の時間軸の中では，従業員や取引先が多数存在し，各方面から寄せられる意見に判断

が左右されやすい状況も生まれてくる。そこで，三代目経営者の右腕経営者には，経営者を抑制しながら利害関係者の調整を行い，判断し易い状況を作り出す調整型の役割がより強く求められるといえるだろう。これらを纏めると図表3-4のようになる。

【図表3-4】経営者の特性に応じた右腕経営者の役割

経営者	経営者の強み	経営者の弱み	右腕経営者の役割
創業者	突破力・巻込力	ワンマンになりがち	ワンマン社長のブレーキ役
二代目	事業維持の堅実さ	自主性を打ち出し難い	自主性の低い社長のアクセルふかし役
三代目	チャレンジ精神旺盛	外部の意見に左右されやすくなる	外部の意見に左右されやすい社長の外部意見コーディネータ役

(出所) 筆者作成

　一方で，右腕経営者に求められる普遍的な役割に，経営者の意思を社内に浸透させることが挙げられる。R.リッカートは，組織において人と人，人と組織，組織と組織を有効に結び付け，コミュニケーションを円滑化する潤滑油の役割を「連結ピン」と呼び，図表3-5のような結節点に位置するリーダーやマネジメント層には，実務部隊に経営者の意思を伝え，実務部隊の意見を経営者に伝える機能が求められるとしている。人的資源の限られた中小企業において，連結ピンの役割を果たすのは右腕経営者をおいて他にない。

　以上から，後継者の置かれた環境に合わせた役割に加え，後継者の右腕経営者には連結ピンの役割が求められることがわかる。

【図表3-5】連結ピンのイメージ

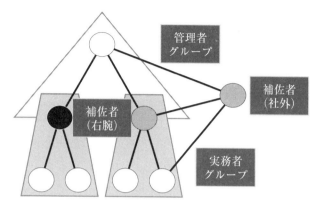

(出所) 筆者作成

4. 右腕育てと全員参加型経営

　後継者の右腕経営者はどのようにして登用すべきなのだろうか。前節でも述べたとおり，後継者の周囲には古参社員や先代経営者の採用した社員がおり，先代経営者との信頼関係が強い。この点は，第2節で示した図表3-1にあるとおり，「役員・従業員からの支持や理解を得ること」が事業を引き継いだ際に問題となったこととして挙げられていることからもわかる。後継者が経営を担うにあたり周囲の同意を得ることが困難であるならば，その補佐者を登用することについて周囲の理解を得ることも困難であることは想像に難くない。この点も，創業者の右腕経営者には見られない困難といえるだろう。

　創業者の右腕経営者が，創業者と歩調を揃えて経営しようとするのとは異なり，後継者の右腕経営者には歩調を揃えることに躊躇する傾向も見受けられる。それゆえ，古参の社員と近い距離にいて，かつ後継者とも距離の近い人間が後継者の右腕経営者には適しているといえるだろ

う。それでも，後継者から登用された人間として敵視され，社内で孤立しがちになることもある。筆者も何人かの後継者の右腕経営者とお話をさせて頂く機会があったが，自らが「右腕」と呼ばれることに躊躇する方ばかりであった。

　では，右腕経営者を孤立させないためにはどうすれば良いのだろうか。前節の図表3-5に示した連結ピンのイメージからわかるとおり，右腕経営者の立位置は経営層である管理者グループと従業員らが属する実務者グループの中間に位置している。つまり，実務者グループとの接点が多い点に他の経営陣とは異なる特徴が見られる。このような立場を活かし，右腕経営者にも自身の右腕を見つけることを積極的に薦めている後継者の話を聞く機会があった。後継者自身が社内で右腕を育てるのと同様に，右腕経営者にも自身の右腕を育てることを「右腕育て」と称して勧めているのである。これは，次章で述べる全員参加型経営への布石と捉えることができる。

　全員参加型経営とは「全従業員が経営者としての意識を持ち業務を遂行すること」と定義することができ，その実現には，上司からの指示を待って業務を遂行する受動的な姿勢を排し，能動的に活動する意識を従業員に浸透させる必要がある。そのためには，経営者の意思を組織に浸透させる役目を担う連結ピンの数が多いほど，組織への浸透率は高まると考えられる。組織への浸透率が高まれば，組織は図表3-5に示したピラミッド型の構図表から図表3-6に示すような循環型の構図表に近づき，経営者と従業員の間に経営への共感が生まれる。これが全員参加型経営の目指す究極の理想の姿と言えるだろう。事業承継における右腕育ては，全員参加型経営を実践する絶好の機会と位置付けることができるのである。

【図表3-6】全員参加型経営のイメージ

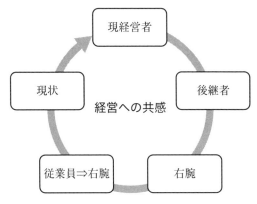

(出所) 筆者作成

5. 後継者視点からの法制度の活用

　最後に，後継者から登用された右腕経営者のモチベーションを向上させるために，会社法等に規定されている制度を活用してどのような方策が取れるかを考察する。

(1) 種類株式の活用

　上場企業や新規上場を目指す企業においては，従業員に対して株式を付与する例が多く見られる。これは，株式の保有を通じて従業員の労働の成果が目に見える価値として現れるからであり，利益配当や株価上昇のメリットを享受することにより労働へのモチベーションが向上することを見越して取られている施策である。ストックオプションと呼ばれる制度は，株式そのものではなくて「新株予約権」という株式引受の権利を付与しておくことにより，株価が上昇した際に当該引受権を行使して株式を取得し，取得価格と権利付与時の価格の差額を利益として享受す

【図表3-7】 自社株式を従業員に保有させる理由

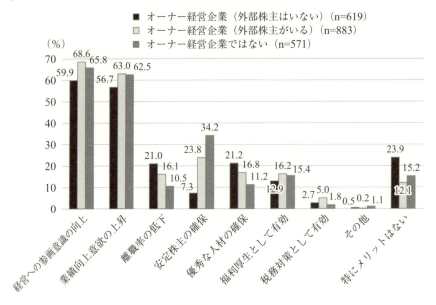

(資料) 中小企業白書 (2018) から著者改定

る制度である。また，既存の株式を従業員一人一人に付与せず，従業員持株会という団体に付与することで株主管理を容易にしつつ，株式保有のメリットを間接的に享受する制度も広く認められている。

　このように従業員に株式を付与する目的は，株式保有を通じた業績向上意欲の醸成にあると説明されることが多いが，図表3-7に示すとおり，最も多い理由は「経営への参画意識の向上」にある。この調査結果からは，前節で述べた「全員参加型経営」の実現に，自社株式を従業員に保有させることは有効であるとの結論を導くことができる。

　しかし，特に中小企業においては，従業員に対して株式を付与することに慎重な経営者が多い。これは，株式には先に述べた利益配当を受け取る権利の他に，株主総会において議決権を行使することができる権利

が付与されているからである。すなわち，株式会社における経営の決定は株式が持つ議決権を通じて行われるため，とくに親族で経営を行ってきたファミリービジネスでは外部株主の参画に慎重になる場合が多い。このことは，中小企業の定款のほぼすべてに「当会社の株式を譲渡するには当会社の株主総会（もしくは取締役会）の承認を要する」との規定が設けられていることからも明らかである。このような株式は「譲渡制限付株式」と呼ばれ，会社法に規定する種類株式の一態様として発行が認められている。

　事業承継は，一般的に現経営者の保有する株式と代表取締役社長の地位を後継者に譲渡することにより行われるが，現経営者は保有株式のすべてを譲渡することに躊躇する傾向がある。これは，株式を手放すことにより経営の意思決定に関与できなくなるからに他ならない。仮に取締役会長として留まったとしても，取締役の選解任は株主総会の専権事項であるから，事業承継後に予期せぬ退陣を求められても経営に留まることができなくなる。そこで，事業承継の場面では，大半の株式を後継者に譲渡して財産的な価値は承継させるものの，「拒否権付株式」と呼ばれる種類株式を現経営者に付与することが行われている。拒否権付株式を保有することにより，株主総会決議事項のうち一定の重要な事項については，他の株主が賛成しても決議が成立しない状況を作り出すことができる。それゆえ，拒否権付株式は「黄金株」とも呼ばれ，拒否権付株式を1株でも保有していれば経営の最終決定権を持つことができるようになる。

　このように，会社法が定める種類株式には様々な態様があるが，纏めると次のような形になる。

【図表3-8】 会社法に定める種類株式

	種類株式の態様	種類株式の名称	権利の内容
1	剰余金の配当	優先株式・劣後株式	利益配当等について他の株主に優先または劣後
2	残余財産の分配	優先株式・劣後株式	解散時の配当について他の株主に優先または劣後
3	株主総会の議決権	議決権制限株式	株主総会の全部または一部について決議不可
4	株式の譲渡	譲渡制限付株式	株式の譲渡について株主総会・取締役など会社の承認
5	株主から会社への取得請求	取得請求権付株式	株主から会社への買取請求
6	会社から株主への強制取得	取得条項付株式	会社から株主への買取請求
7	株主総会決議による強制取得	全部取得条項付株式	株主総会決議による会社から株主への買取請求
8	種類株主総会の承認	拒否権付株式	株主総会決議に加え, 種類株主総会の承認が必要
9	種類株主総会による取締役・監査役の承認	選任権付株式	取締役または監査役の選任について異なる内容の株式

(出所) 筆者作成

　事業承継に際しては8の拒否権付株式が用いられることが多く, 既存の書籍でもこの点から種類株式の解説を展開している記述が多い。これもまた, 現経営者の視点にウエイトを置いて事業承継を捉えていることの表れである。

　では, 筆者らが本書で提唱している後継者の視点にウエイトを置いて事業承継における種類株式の活用を考えることはできないだろうか。この点, 3の議決権制限株式を発行し, 右腕経営者に付与することが考えられる。ファミリービジネスでは外部株主の参画を経営者が嫌う傾向にあることは先に述べたが, それならば, 議決権のない株式を付与し, 業

績向上の結果のみを享受する株式を付与すれば右腕経営者のモチベーションの向上につながるのではないだろうか。

　なお，種類株式の名称は発行会社が自由に名付けることが認められている。たとえば，「トヨタ自動車株式会社」（以下「トヨタ」と略）が2015年に発行した種類株式は，上場されている株式でありながら，株式の譲渡を一定期間禁止する内容の種類株式である。株式の本質は，譲渡可能性に基づく投下資本の回収可能性にあるが，同社は「中長期保有を志向する新たな株主層を開拓し，トヨタと共に歩んで頂ける株主づくり」を標榜し，燃料電池車の開発等の中長期視点での研究開発投資への理解を促している。この株式は「AA型種類株式」と名付けられているが，トヨタを応援する株式投資という点に着目し「応援株式」と名付けることも可能である。応援株式という名称は，経済産業省『持続的成長への競争力とインセンティブ～企業と投資家の望ましい関係構築～』プロジェクト（通称伊藤レポート）で，長期視野の個人投資家を称して使用されている。

　事業承継において右腕経営者のモチベーションを向上させるため「右腕株式」を発行してみては如何だろうか。

(2) 役職の付与

　後継者の多くは先代経営者から代表取締役社長の地位を承継して事業活動をする例が殆どであろう。先代の右腕経営者には，先に挙げたホンダやソニーのように取締役副社長や専務取締役といった役員の地位に就くケースもあるが，とくにファミリービジネスでは役員に就任せずに経営者を補佐する例も少なくない。これも，株式保有と同様の理由で，親族以外の者を取締役会に参加させることが経営への干渉と受け止められがちなためである。

取締役ではなく経営の執行に携わる地位として「執行役員」が挙げられる。執行役員は，取締役や監査役と異なり会社法に規定する役職ではない。執行役員制度は，ソニーがコーポレートガバナンスの新しい在り方として1997年に発案し，導入したことが始まりである。当時のソニーの取締役の人数は38人であり，これを一挙に10人まで削減し，退任した取締役の多くが執行役員として選任された。取締役の本来の職務は，取締役会の構成員として会社の業務を執行する代表取締役を監督することにあるが，当時は多数の「使用人兼務取締役」が存在し，従業員としての上級管理職としての要素が強く，業務執行者の監督という取締役本来の機能と乖離していた。その結果，多数の取締役の調整を行いながら取締役会を開催し経営の意思決定を下すことが困難となり，他の日本企業でも実際の経営方針は「常務会」などで行うケースが見受けられた。そこでソニーは，取締役の人数を削減し執行役員制度を導入することで，経営の意思決定と業務執行を分離し，取締役会の機動性を確保した。この方法が広く浸透し，現在では広く執行役員制度が定着している。
　執行役員の名称も，種類株式と同様に会社で自由に名付けることができる。ちなみに，社長や専務といった役職も会社法に規定されている役職ではなく，「役付取締役」として会社の定款によって認められている地位である。したがって，右腕経営者を経営の執行に積極的に関与させることを対外的に表明する場合には，「右腕役員」と称して定款に事由に規定することが可能である。
　組織の中で肩書を付与して経営への参画意識を向上させることは，大企業でも多く見られ，たとえば多くの「担当部長」を任命した結果，管理職の人数が部下を超えるような事態が生じて批判されることもあった。ならば，経営の補佐者の役割を定款に規定し，補佐者に自覚を持た

せることで経営参画意識を向上させることができるのではないだろうか。

6. おわりに

　本章では，経営者の補佐者である右腕経営者に焦点を当てて解説を行った。事業承継の課題として右腕経営者の不在を挙げる中小企業は多く，それは事業承継を後継者の視点で捉えていないことに起因することを説明した。そして，経営者と一口に言っても，創業者と二代目経営者，三代目経営者では置かれた状況が異なるように，補佐する右腕経営者もまた，経営者の置かれる立場によって果たす役割が変わることを説明した。また，全員参加型経営の実践において，右腕経営者が自身の右腕を見出す「右腕育て」が重要であることを述べ，右腕経営者のモチベーションを向上させる法制度の活用として，これまで現経営者の視点で活用されていた種類株式を後継者の視点で活用して「右腕株式」を付与すること，執行役員に倣った「右腕役員」の役職を付与することを提言した。

　後継者の右腕経営者の重要性は，後継者の視点で見直さなければ，事業承継後に後継者の問題として跳ね返ってくる。このことを現経営者が理解し，「右腕経営者の承継」が実践されることで事業承継の課題の1つが解決することになるのである。

〔参考文献〕
・井深大（1991）『わが友本田宗一郎』ごま書房
・小林公明（1999）『執行役員その周辺の問題を含めて』税務研究会出版局
・藤沢武夫（2009）『松明は自分の手で』PHP研究所

第4章

後継者及び右腕経営者を経営に参画させる

1. はじめに

　後継者及び右腕経営者が確保できてからが本当の意味で事業承継が始められると言える。後継者及び右腕経営者が将来の経営者となることを了承した時点から，経営者として育成することが必要である。経営者の育成においては，外部の教育機関の活用なども考えられるが，簡単に実践できることは，できるだけ後継者及び右腕経営者を経営に参画させることである。

　本章では，後継者及び右腕経営者を育成する意義，経営者としての能力の多様性を説明し，経営者としての能力を育成するためには経営に参画させることが重要であることを述べる。また，経営に参画させることの意義は，他の従業員にとっても大変重要であり，極端に言えば，全従業員を経営に参画させることも一つの経営手法として有効であることを紹介する。

2. 後継者を育てる意義

　既に述べたように，後継者及び右腕経営者を育成することは事業承継において不可欠である。なぜならば，どんなに優秀な人材であっても，最初から優れた経営者としての能力を有しているとは考えられないからである。次節で詳しく述べるが，経営者として求められる能力は多様であり，すべてを習得している人材はいないと考えるのが妥当である。もちろん，すべての能力は必要ないかもしれないが，それぞれの企業にとって，どのような能力が後継者及び右腕経営者として望ましいのかを考える必要がある。

　おそらく，事業承継を考えている経営者の多くは，自社にとって望ま

【図表4-1】後継者を決定した理由

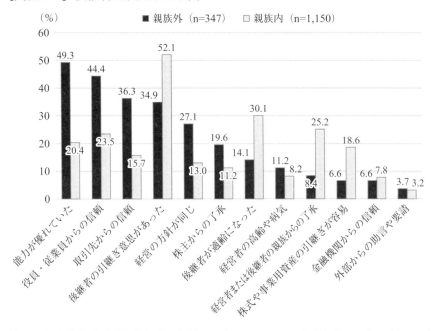

注：中小企業庁委託「企業経営の継続に関するアンケート調査」（2016年11月, ㈱東京商工リサーチ）
　1. 複数回答のため，合計は必ずしも100％にはならない。
　2. ここでいう親族内とは，後継者について「配偶者」，「子供」，「子供の配偶者」，「孫」，「兄弟姉妹」，「その他親族」と回答した者をいう。また，ここでいう親族外とは，後継者について「親族以外の役員」，「親族以外の従業員」，「社外の人材」と回答した者をいう。
（資料）中小企業白書（2017）より筆者作成

しい経営者の能力を漠然とは意識しているはずである。経営者の候補を検討する上でそれらが後継者の選定において判断基準になっていると考えられるためである。図表4-1は後継者を決定した理由を経営者に聞いた結果である。ここでは，親族内に承継した経営者と親族外に承継した経営者に分けて集計している。

　親族外の後継者を決定していた理由としては，やはり「能力が優れて

【図表4-2】後継者決定に至らない理由

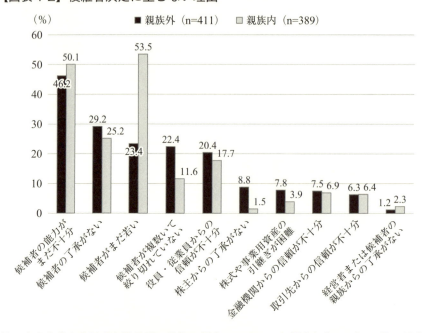

注：中小企業庁委託「企業経営の継続に関するアンケート調査」（2016年11月，㈱東京商工リサーチ）
1. 複数回答のため，合計は必ずしも100％にはならない。
2. ここでいう親族内とは，後継者について「配偶者」，「子供」，「子供の配偶者」，「孫」，「兄弟姉妹」，「その他親族」と回答した者をいう。また，ここでいう親族外とは，後継者について「親族以外の役員」，「親族以外の従業員」，「社外の人材」と回答した者をいう。
（資料）中小企業白書（2017）より筆者作成

いた」との理由が最も高くなっている。ただし，そのつぎに「役員・従業員からの信頼」という理由である点が興味深い。

　その一方，親族内で後継者を決めた場合には，本人に「引継ぎの意思があった」という点が最も高くなっている。注目すべきは，親族外承継とは対照的に，「能力が優れていた」と考えていた経営者が20％程度とかなり低いことである。

【図表4-3】後継者に求められる資質・能力（従業員規模別）

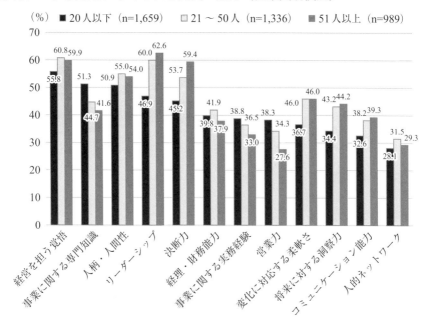

注：中小企業庁委託「企業経営の継続に関するアンケート調査」（2016年11月，㈱東京商工リサーチ）
（資料）中小企業白書（2017）より筆者作成

　一方，後継者が決まっていない経営者が後継者決定に至らない理由についても調査結果がある。後継者が決まらない理由としては，親族内承継の場合には「候補者がまだ若い」という理由が一番高いが，「候補者の能力がまだ不十分である」と考えている経営者も多い。さらに親族外承継の場合でも，「候補者の能力がまだ不十分である」ことが最も高い理由となっている。

　以上から，後継者が決まっていない企業は当然のこととして，後継者を決定した経営者であっても，候補者の教育が不可欠であることが分かる。ただし，それぞれの企業の理念や文化，そして，候補者の素質に基

づき，伸ばしていくべき能力は多様である。そもそも，後継者に期待する経営者の能力として期待することは何であろうか。その点についても調査結果が示されている。図表4-3は後継者に期待する資質・能力に対する回答結果である。規模によって多少の差はあるものの，「経営者としての覚悟」のみならず，「リーダーシップ」や「決断力」，そして，「人格」などについても期待している経営者が多いことが分かる。

3. 経営者の能力

　経営者として求められる能力は多様であるが，これについて学術的な研究は十分に行われていない。既存の学術研究において，戦略的経営者は明確に認識できる形で分析されていないと指摘されている（Helfat et al., 2007）。もちろん，経営者の能力について多くの文献はある。しかし，それらは主として，実際の経営体験から生まれてきたもの，あるいは，個別の経営史の中から抽象してきたもの，あるいは，戦国史の英雄論などから導いてきたものなどから提示されたものであり，多種多様な指摘がなされている（清水，1983）。これらの文献は，実務的には参考になる可能性があるものの，経営者の能力を論理的・体系的に理解するにはなお不十分であると批判されている。経営者研究，とくに経営者能力を特定している研究は未だ十分ではなく，経営者の機能や役割を紐解く形の研究としてBarnard（1938）やMintzberg（1973）による言及はあるが，今後の重要な研究課題でもある。

　このような課題はあるものの，日本の経営者の能力について詳細な分析を行った研究がある。清水は，その代表的な著書『経営者能力論』（1983）において経営者の役割の大きさを以下のように述べている。まず，企業経営の目的は長期に維持発展していくことであり，資本主義社

会の中で企業が長期的に維持発展していくためには、利潤を獲得し蓄積していかなければならない。この企業の利潤の源泉は企業内の人々の創造性の発揮にある。経営者の創造性は戦略的意思決定に発揮され、技術者・研究者の創造性は新製品・新技術の開発に発揮される。さらに、中間管理者の創造性はどうしたら部下にやる気をおこさせられるかという工夫に発揮され、一般従業員の創造性は作業手順の改善・工夫などに発揮される。これらの創造性の発揮の総合が利潤となる。ただ長期的にみた場合、経営者の創造性の発揮が最も大きく企業利潤及び企業成長に貢献するとしている。

　清水は、25年間にわたる通商産業省（現経済産業省）の調査と約305名にのぼる大企業の経営者へのインタビュー調査を行った。これらの調査では、「当該企業が抱える問題点」、「それに対する対処策ないし戦略」、「それを支える人間の組織」の3つの質問を行い、そこから仮説の構築・検証を行っている。これによって日本型経営者および日本型経営の動きと、その向かう方向を究明し、実証研究による新しい経営学の理論の構築を行った。この実証研究によって経営者の機能として、大きく3点を提示した。それは、①将来構想の構築、②戦略的意思決定、③執行管理の3つの機能である。

　清水は、第一に将来構想の構築や経営理念の明確化が経営者の機能として重要であるとした。ただし、創業者の社長は理念を明確にしやすいものの、二代目社長には難しいという指摘をしており、経営理念の構築は、事業承継において大きな経営課題となる。この点は本書において、企業理念の再定義が事業承継に不可欠であることを繰り返し述べていることにも通じている。

　つぎに、清水は、わが国経営者が行う戦略的意思決定は、カシ・カリの論理の遂行、根まわし、公式な機関での意思決定の3段階からなると

示唆している。カシ・カリの論理の遂行とは，社長がまわりの役員に普段からカシをつくっておき，役員が絶えずカリを感じているような雰囲気をつくっておくこととする。これは社長の考えを役員に受け入れさせるための前提条件である。根まわしとは，社長が何か具体的案件を考えつくと，これを朝食会，昼食会などの席で話すなどのことである。この根まわしが十分にできたら，公式な意思決定機関にその案件を提出して一気に可決する。一度でも公式な席で否決をされたものはたとえ修正しても執行段階でなかなかうまくいかないため，根回しが重要となる。

3つの目の能力である執行管理は，戦略的意思決定に参画した役員自ら執行担当者となり，その執行責任を感じているため，それ程問題はないと指摘している。

また，清水は，これら3つの機能に対応した形で経営者能力を明らかにすることを試みている。経営者の能力は，それが企業の長期の維持発展により良く貢献するかどうかによって決まる。常に望ましい能力というのは少なく，企業の経営状況により適合してより効果的に機能する能力が望ましい。すなわち，望ましい能力とは，ある条件に適合して効率よく機能し，企業成長により良く貢献する能力である。

そして，清水は，経営者能力を資質としての個人特性と経営者機能との関連から捉え，経営者能力の体系化を試みた。経営者能力を経営者の持つ個人特性とその機能との関連から考察している。経営者の個人特性がそのまま経営能力となるとは考えられないという理由からである。

この体系化の結果，信念を持つ態度，先見力のある態度，その他の企業家精神の3つの個人特性は主として企業家型の経営者に多く備わり，人間尊重の態度，科学的態度，その他の管理者精神の3つの個人特性は主として管理者型の経営者に多く備わり，強靭な肉体を重視する態度，知識を重視する態度の個人特性はすべての経営者に備わっているとした。

[図表4-4] 経営者能力のまとめ

企業家型社長 ←――――――――――――――→ 管理者型社長

		信念を持つ態度	先見性のある態度	その他の企業家精神	人間尊重の態度	科学的態度	その他の管理者精神	強靭な肉体を重視する態度	知識を重視する態度
将来構想		野心：身分不相応な望み。創業者社長にとって企業成長の原動力	直観力：思惟作用を加えることなく対象を直接把握する能力。直観力は過去の経験、それによって強化される	危険をおかす能力：意思決定に際し失敗したら責任をとる覚悟をする。過去に大きな不幸があり、それを乗り越えてできた人に多い				健康：強靭な肉体を維持すること。その他の精神的能力を発揮するための大前提	一般的知識：企業外環境、企業内条件についての知識。・責任および将来の製品の市場、技術、問題についての知識・情報中心の考え方が関連性について内在化された知識
		使命感：野心から止揚された目標。野心をそれによって他人に理解させられる	想像力：過去の経験を組み合わせて心像をつくる力	不連続の緊張を自らつくり出す力：枠を壊して新たを求める。過去の成功の経験から自信を持つ・創業者型社長					
意思決定		理念：理性から得た最高の概念。社会に一致したと考えられる経営理念を持つための前提	異なった意見を見にたえ探究する力		包容力：相手を前容し理解する力。常にまわりの人々より高い視点、広い視野を持つ	システム思考：事象をもっと大きなシステムのサブシステムとして理解する力	統率力・リーダーシップ能力：多くの人を指揮し調整し率いる能力		他の役員の考え方や行動パターンについての知識：役員の真の考え方を知るためのものの考え方
					人間的魅力：深沈重厚な態度	トータル・オプティマムが求められた目標の順位づけが可能	構想力、包容力、自信、相手の気持ちになって考える力、忍耐力などの統合した力		・カン・カリの遂行、根まわしなどのために不可欠
		信念：信仰心に近い自信の心。自信のある人を引き付けるための前提			人格：品格。常に自らを愁かにし、他人に対しては無我の愛で接する	時間の有効利用：時間の節約をたえず考える。経営者の最大の制約条件は時間であり有効に利用するには目的意識を明確にすること	責任感：任務を遂行し、その結果が失敗すればその不利益を負わされることを感じている感情		好奇心：新規なものに対する興味・新製品開発、多角化などのトリガーになる
					倫理：道徳的なリーダーシップ：自分の行動を良心、社会的価値観に一致させる。倫理、道徳感は企業経営の士条件ではないが必要条件。人事の公正は道徳感の発露	計数感覚：経営について計量面を強く意識すること。市場関係諸数値と損益分岐点についての理解	責任感が薄いと部下がついてこない企業経営の方向を誤ることがある		・生まれつきではなく学習によって得られる
執行管理			判断力、決断力：不確実な状況の下においても大胆かつ自信を持って、非論理的に考え定める力。同じようなに状況に対する豊富な経験				達成感：一定の枠の中でオプティマムを求める。秀才型の社長・管理者上がりの社長		

注：清水龍瑩（1983）『経営者能力論』
（資料）山﨑泰明（2014）「ファミリービジネスにおける経営者のケイパビリティ・イノベーションを担う経営者のケイパビリティに関する研究」より作成

最終的に清水による研究では，経営者能力をその機能発揮の局面と絡み合わせて，図表表4-6（横軸：個人特性，縦軸：機能）のように整理している。各能力は，その機能局面と関連させて表示され，その定義と重要なポイントが説明されている。重要なポイントとは，その能力の企業経営における役割あるいはその能力が形成される条件である。

　野心，使命感，理念，信念，直観力，想像力，洞察力，判断力，危険をおかす力，不連続的緊張を自らつくり出す力は，企業家型の社長に多く備わり，将来構想の設定，意思決定に大きな役割を果たしている。包容力，人間的魅力，人柄，倫理感，道徳感，システム意志，時間の有効利用，計数感覚，統率力・リーダーシップ能力，責任感，連続的緊張に耐えうる力は，管理者型の社長に多く備わり，意思決定，執行管理に大きな役割を果たしている。健康，知識はいかなる経営者にも備わっている能力であり，あるいは備わっていなければならない能力であり，将来構想の構築，意思決定，執行管理のすべての局面で大きな役割を果たしていると結論づけている。

　以上，後継者の能力について清水の研究成果を紹介した。ここで議論されているように，後継者の能力と言ってもその能力は多様であり，これらすべての能力を既に習得しているという後継者は，まずいないと考えられる。しかしながら，それぞれの企業の実情及び候補者の資質に基づいて，伸ばすべき能力はあると考えられる。そのため，一部の能力でも良いため，後継者を育成するための努力が必要であり，そのためには長期間の育成期間が不可欠である。

4. 全員参加型経営

　前節で紹介したように経営者が「戦略的な意思決定」をする前提とし

て，役員等関係者へのカシ・カリの関係が重要である。これは，ワンマン経営の創業者であっても重要な意思決定の前には根回しが必要不可欠であることを示している。自分自身が会社を創業し，長年の経営により，多くの実績を残してきた創業者であっても，根回しが重要というのであれば，その後継の経営者は相当の準備をして，根回しをしなければ，役員や従業員等の関係者の理解を得ることは困難である。さらに，一般的には，後継者がすべての株式を承継するのではなく，創業家の親族や古参の役員が大株主となっていることも多い。この場合には直接経営に参画していない親族等大株主への根回しも重要である。

すなわち後継者は，関係者全員の理解を得て，事業承継を成功させるためには，強いリーダーシップを発揮すると同時に粘り強い調整力が不可欠である。これを一人で行うのは難しいため，事業承継を成功させるためには，右腕経営者のみならず，従業員及び企業の関係者の支援が重要である。

この点，近年，トップダウン型の経営者のみならず，改めて，調整型の経営者の重要性が指摘されている。一から企業を立ち上げる創業社長であれば，強いリーダーシップのもとにトップダウン型の経営を行うことも必要不可欠かもしれないが，二代目・三代目の後継者がスムーズな事業承継を行うためには，関係者の理解を得るため，調整型の経営者の役割が不可欠と考えられる。そして，経営者が調整役のみならず，従業員に主体性を促していくことにより，すべての従業員が経営者としての視点を持って能動的に活躍する全員参加型経営も可能となる。

全員参加型経営は端的に「全従業員が経営者としての意識を持ち業務を遂行すること」と定義できる。野中ら（2015）は，日本企業のDNAは全員経営にあると提示し，それを社会外に発信した代表的な経営者の一人が松下幸之助であるとしている。具体的には，松下幸之助は社員一

人一人が自ら発意する経営者の意識をもって自律的にふるまい，確固たる経営理念のもとで結集すれば，最高の経営が実現するはずという強い信念を持ち，かつ実践したと指摘している。そして，近年の日本企業における例として，ファーストリテイリングやJAL，セブン＆アイ・ホールディングスなどを挙げている。ファーストリテイリングの柳井正会長は全員経営の重要性を唱える一人であり，社員にリーダーシップを強く求め，また，JALの経営再建を任された稲盛和夫氏は，部門別採算管理制度のアメーバ経営を導入し，社員一人一人が収益に向上する意識を持たせたと指摘する。さらに，セブンイレブンの各店舗では，鈴木敏文会長の指揮の下，フランチャイズのオーナーのみならずアルバイトのスタッフもデータを分析した商品発注を仮説検証する仕組みを導入し，これが正に全員経営の在り方であると提唱している。

　以上の事例は名だたる大企業ではないかという批判も考えられるが，社員数の少ない中小企業にこそ，全員参加型経営は重要であると考えられる。中小企業では，大企業のように職務の分担が細分化・専門化されておらず，組織としての制度化も十分ではない。しかし，その一方で，各社員が複数の業務に能動的に従事することが求められており，時には経営者の目線で意思決定することが必要になるはずである。組織としての柔軟性があり，意思決定が速い中小企業において，全員参加型経営が導入できるのであれば，大企業にも決して負けない戦略を立案・実行できる。

　全員参加型経営を導入するための具体的な取組みとしては，必ずしも大掛かりな仕組みが必要ということではない。たとえば，2017年の中小企業白書において，事業承継の成功例として紹介された株式会社大谷の事例が参考になる。同社は，従業員600名，資本金1億円の印章・ゴム印の製造・販売企業である。先代経営者の大谷会長は，55歳を過ぎ

てから事業承継を考え，当初3人の娘に相談したものの，いずれも断られてしまった。そこで，インターネットで社長を公募し，50代の大手企業経験者を後継者候補として取締役待遇で招聘したが，結果として，社長に就任しなかった。正に後継者難の状況に陥ってしまったが，ここで次女が後継者として名乗り出て，2年後に社長に就任した。しかし，就任したばかりの大谷社長は，同社は社内組織が未整備であり，創業者である会長の指示にしたがって動く従業員という典型的なワンマン経営企業の課題に直面することになった。また，残念ながら，創業者の次女であるからと言って，従業員がすぐに動くわけでもなかった。そのため，「社長が命令をしていく組織から，従業員が自ら考えて行動する組織づくりを模索」することとした。ただ，その取組みは地道なものであったとされる。具体的には，工場や店舗に直接社長が出向き，現場の意見に耳を傾け，従業員に問題点や課題を考えさせる意識改革を進めていった。もちろん，すぐに社内の変化を期待することはできないものの，一部の従業員において，意識が変わり始めているとのことである。また，今後の方向性としては，従業員から役員を登用して，将来的には社長を担って欲しいと考えている。

さらに，積極的に後継者を育て，その他の従業員も経営参画させることを意図した取組みを行っている中小企業も紹介されている。同じく，2017年の中小企業役白書に事業承継の事例として掲載された株式会社オーテックメカニカルである。同社は山梨県の高速組立・高速検査を行う省力機械の開発・製造・販売業を営む従業員41名，資本金5,570万円の中小企業である。創業者である芦澤会長は65歳を目途に事業承継を考え，50歳過ぎから準備を始めた。たとえば，具体的な取組みとして，芦澤会長の経営に関する考えを従業員に伝える経営計画発表会を定期的に開催した。これにより，経営者と従業員の目指す方向性が一致し

ていくことを実感し，発表会を続けることにより，経営者としての視点を持つ人材が育ってきたとされる。その中から，創業時からのメンバーである若手の社員（当時41歳）を次の社長候補として常務取締役に抜擢した。そして，同社に出資している東京中小企業投資育成株式会社の開催する「次世代が経営者ビジネススクール」に参加させるなど，後継者教育のため，外部の研修等に積極的に参加させている。さらに，次の経営者候補として，若手の営業部長を取締役に抜擢し，同様にビジネススクールに派遣している。特筆すべきは，創業者である芹澤氏の一族が保有している株式の大半を経営陣や従業員持ち株会に譲渡し，経営参画意識を高めることを意図したことである。正に第3章で指摘したことを実践した事例である。

以上のように中小企業における事業承継の準備の一つとして，全員参加型経営を積極的に導入することは十分可能と考えられる。

5. おわりに

本章では，既存研究を元に経営者として求められる能力を紹介した。その能力は多様であり，もちろん，これらすべての能力を有している経営者はほとんどいない。しかし，各企業の実情と後継者候補の能力を踏まえて，事業承継後も企業を成長させるための能力を考えることが重要である。また，これらの能力を経営する前から有している後継者や右腕経営者は，まず存在していないため，能力の育成が必要不可欠であると考えられる。

能力の育成のためには，外部の教育機関の活用も有効と考えられるが，やはり，実際には，経営者としての実体験に基づいて育成される能力が多いと考えられる。それゆえに，後継者及び右腕経営者の候補が見

つかり次第,可能な限り早期に経営に参画させることが必要である。

　また,理想的には,後継者及び右腕経営者のみならず,多くの役員・従業員に経営者としての意識を持たせることが望ましい。これは全員参加型経営と呼ばれるものであり,それが日本企業の特徴とする研究があることを紹介した。

　本書においても,事業承継を一つの機会として,全員参加型経営を目指すべきであるということを提唱している。それは,強いリーダーシップを持った経営者にしたがっていることで成長してきた企業が事業承継をした途端に新しい後継者に同じ様なリーダーシップを発揮することを期待する方が無理であり,また,周囲の役員や従業員もそれを望まないことが多いためである。さらに企業は常に厳しい競争に晒されていることから,後継者が強いリーダーシップを発揮できるように待っている時間もないと考えられる。そのため,事業承継後にも企業の成長を望むのであれば,周囲の役員や従業員が経営者としての視点を持ち,可能な限り後継者及び右腕経営者を支えるという意識改革が不可欠と考えられる。

〔参考文献〕
・Barnard, C.I. (1938) The Functions of the Executive, Harvard University Press.（山本安次郎・田杉競・飯野春樹訳『経営者の役割』ダイヤモンド社,1968年）
・Helfat, C.E. et al. (2007) Dynamic Capabilities, D. Teece & S.G. Winter.（谷口和弘・蜂巣旭・川西章弘訳『ダイナミック・ケイパビリティ』勁草書房,2010年）
・Mintzberg, H. (1973) The Nature of Managerial Work, Harper Collins Publishers Inc.（奥村哲史・須貝栄訳『マネジャーの仕事』白桃書房,1993年）
・清水龍瑩（1983）『経営者能力論』千倉書房

・野中郁次郎・勝見明（2015）「全員経営 自律分散イノベーション企業 成功の本質」日本経済新聞出版社
・山崎泰明（2014）「ファミリービジネスにおける経営者のケイパビリティ―イノベーションを担う経営者のケイパビリティに関する研究」立命館大学博士論文

第5章

自社の方向性を再定義する

1. はじめに

　後継者を確保して右腕経営者を見出したとしても，漫然と事業に参画させるだけでは事業承継は進まない。後継者が右腕経営者を見出した後にまず実行すべきは，今後の自社の方向性を再定義することである。実は，不動産や株式等の目に見える資産，従業員をはじめとする人材に加え，経営理念や顧客情報，ノウハウなどの見えない知的資産を指して事業承継の三要素と呼ぶ（中小企業庁（2016）「事業承継ガイドライン」）。

　この点，有形資産の承継も重要であることは言うまでも無いが，既に数多くの文献が有形資産の承継の方法論について紹介しており，税理士や会計士などの専門家も数多い。また，人材の承継と活用も今後の企業成長にとって，ある意味では，最も重要な要素であり，本書でも人材教育については，事業承継の最後のステップとして位置付けている。ただし，知的資産については，事業承継と関連付けて説明している文献は乏しく，実務においても，現経営者や後継者が，その重要性に気付いていないことが多い。そして，知的資産の中でも，中小企業において事業承継後に企業を成長させるためには，まずは経営理念の社内への浸透を第一に考えることが重要であるが，これも形骸化している例が多く見られる。

　事業承継は，当たり前のことであるが，経営者の交代である。大企業であれば，経営者の交代は数年に一度の定期的な出来事であることが多く，また，組織形態も強固であるため，あまり大きな影響はないかもしれない。しかし，中小企業にとっては，数十年に一度の出来事であることが多く，組織も大企業に比べて流動的であり，組織のリーダーが変わることで，組織活動の連続性を失わせる可能性すらある。すなわち，事業承継によって，その後の成長を望むどころか，組織としての一体感を

喪失し，今後の方向性を見失うことも十分あり得る。そのため，事業承継の時こそ，経営理念を見直し，企業組織としての存在意義を再確認し，従業員に浸透させることで，組織の一体感を醸成することが必要不可欠である。

経営理念は，企業の行く道を示す羅針盤のように例えられ，多くの中小企業でも，既に経営理念が掲げられている。ただし，それ自体を掲げていても組織に浸透していない企業も少なくない。そのような企業では，経営者と従業員との間に大きなギャップが生まれ，従業員は，経営者が語る経営理念を高い夢や理想と感じつつ，現場での日々の仕事に追われて，経営理念はいつの間にか忘れられて形骸化してしまうことが多い。こうして現場から浮いてしまった経営理念は，単なるお題目になり下がり，いざという有事の時の行動指針として機能しなくなる。

本章では，なぜ事業承継に際して経営理念を浸透させる必要があるのかを考察し，そもそも経営理念の果たす役割とは何かに遡って解説する。そのうえで，経営理念をいかに組織に浸透させるべきか，具体的な方策を検討して実例を説明する。

2. 事業承継における経営理念の位置づけ

事業承継は，一般的に現経営者の保有する株式と代表取締役社長の地位を後継者に譲渡する方法により行われる。ただし，これは形式的な話である。中小企業庁では，図表5-1に示すとおり事業承継の構成要素を①人の承継，②資産の承継，③知的資産の承継の3つに分類して位置付けている。「資産の承継」には株式や設備・不動産等の事業用資産，資金など目に見える有形資産が挙げられる一方，無形資産である「知的資産の承継」には項目が多岐にわたっている。技術やノウハウなど目に見

えない資産が挙げられているが，冒頭には経営理念が挙げられている。

【図表5-1】事業承継の三要素

人（経営）の承継	資産の承継
・経営権	・株式 ・事業用資産（設備・不動産等） ・資金（運転資金・借入等）
知的資産の承継	
・経営理念 ・経営者の信用 ・知的財産権（特許等） ・許認可　等	・授業員の技術や技能 ・取引先との人脈 ・ノウハウ ・顧客情報

（出所）中小企業庁『事業承継ガイドライン』（2016）より引用し作成

　本書で繰り返し述べているように有形資産の承継の重要性は広く認識されており，その方法論を説明した文献は数多く，また，専門家も数多い。人的資産の重要性も広く認識されており，本書でも事業承継の最後の段階として人材教育の重要性を提示している。ただし，前述のように一般に中小企業の事業承継において，経営理念の重要性はほとんど認識されていない。事業承継は，経営者の交代であり，大企業と異なり，それは数十年に一度の出来事である。一方，多くの中小企業は，何十年も強いリーダーシップを発揮している経営者の元で動いている。このような状況で，組織のリーダーが変われば，組織活動の連続性を失わせ，事業承継後の成長を望むどころか，組織としての一体感を喪失し，今後の方向性を見失うことも十分あり得る。そのため，中小企業の事業承継時において，経営理念を見直し，企業組織としての存在意義を再確認し，組織の一体感を醸成することが必要不可欠である。

　また，中小企業を大企業と比較した場合，人的規模や資産規模といった「目に見える資産」は見劣りするが，「目に見えない資産」には大企

【図表5-2】組織のライフサイクル

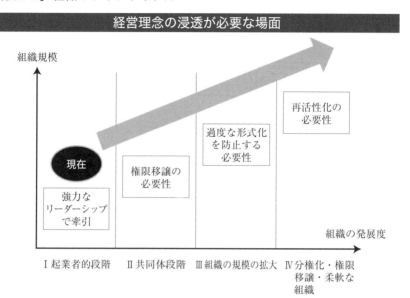

(出所) ダフト (2002) より筆者作成

業と比較しても遜色ない価値を持たせることも可能である。とりわけ，経営理念の浸透は，組織の規模が大きい大企業では徹底しづらい側面があるが，人の顔が見えやすい中小企業は理念が浸透しやすい環境にあり，組織力を強化することで「目に見えない資産」の価値を向上させ，今後の企業の成長に貢献させることが期待できる。

　では，そもそも企業はどのような段階で経営理念の浸透を図るべきなのだろうか。L.ダフト (2002) が提唱する組織のライフサイクルを例として考察してみよう。図表5-2は，組織の誕生から成長，成熟していく過程を次の4段階に分けて示している。

「Ⅰ　起業者的段階」

起業者の強力なリーダーシップのもと，共に働く仲間が起業者の事業に対する想いを理解しており，理念が浸透した状態で事業を軌道に乗せていく段階。

「Ⅱ　共同体段階」

事業に加わるメンバーが増加し，起業者のリーダーシップに限界が生じるため，役割分担を明確にした権限移譲が必要となる段階。

このような「事業拡大の局面」では，起業者の事業に対する理念を再度組織に浸透させる必要がある。

「Ⅲ　組織の規模の拡大」の段階

時間の流れと相まって組織の硬直化が起こる段階。

このように組織が誕生してから時間が経過している段階では，創業者から子世代に経営者が交代する「事業承継の局面」が生じることが多く，先代の理念を尊重しつつ次世代経営者の想いを伝えるため，経営理念を再構築して組織に浸透させる必要が出てくる。

「Ⅳ　分権化・権限移譲・柔軟な組織」の段階

組織再編の必要性が生じ，資本系列を超えた企業統合（Merger & Acquisition）などが起こる段階。

いわゆる「M&Aの局面」では，異なる組織文化が混じり合う中で，組織の方向性をどのように示すのかが問題となり，経営理念を浸透させる必要が生じる。

この4つの段階は企業の成長において必要なステップになるものと捉えられるが，それぞれの段階では，組織活動の連続性が失われる危険性がある。大企業であれば，既にⅣの段階を超えており，組織形態は強固であり，それぞれの専門化・細分化された組織に権限移譲がなされてお

り，経営者が後退しても，組織活動の連続性が失われる危険性は低い。しかしながら，中小企業においては，経営者が一人で組織を率いており，権限移譲が行われていないことが多い。すなわち，中小企業においては，企業の成長とともに，必然的に組織活動の連続性が失われるというリスクがあることを示している。

組織を立ち上げたばかりの「起業の局面」では，創業者の理念は共有されており経営理念の浸透を図る必要はないが，組織が成長し拡大する過程においては経営理念の浸透を図る必要が生じることがわかる。具体的には前述の「事業拡大の局面」「事業承継の局面」「M&Aの局面」のそれぞれの場面において，新たに組織に加わった者に経営理念を伝え，あるいは，これまでの経営理念の意味付けを再構築して伝えることが必要となる。

経営者が交代する事業承継の局面においては，先代経営者の考えを承継しつつ，新たに経営を担う後継者がどのような企業を目指していくのかを，社内外に伝えていくことが重要になる。そうしなければ，場合によっては，組織としての一体感が失われ，事業承継によって，今後の方向性を見失う可能性すらある。

以上のように，経営者の交代という中小企業にとって極めて大きなリスクを乗り越え，事業承継をスムーズに行うためには，経営理念は一般に考えられているよりも遥かに重要である。この点，実際に第4章で取り上げた株式会社オーテックメカニカルの芦澤会長（先代経営者）は，「経営計画発表会等を通じて，早くから若林社長（後継者）と経営理念を共有してきたことから，スムーズな経営承継ができた」と振り返っている。

先代経営者と後継者が経営理念を共有するに際しては，経営理念の組織への浸透度合いを測りながら，より浸透させるべき点や改善すべき点

を考えていくことになる。その結果，経営理念を変更する必要があると判断すれば，従業員の理解を得ながら言葉の表現を変えるべきであろう。なぜなら，経営理念はその言葉自体を作り維持することに意味があるのではなく，その言葉に照らしてどのように振る舞うべきかを示し，組織の構成員にとっての行動指針となることに意味があるからである。従業員各自が経営理念の意味を内省し，自らの言葉として表現できるようになることが，第4章で述べた全員参加型経営の要諦になると筆者らは考えている。

3. 経営理念が組織に与える影響

(1) 経営戦略における位置づけ

　一般的に，組織の方向性は経営計画の公表を通じてステークホルダーに対して示され，経営計画は，経営戦略に基づいて立案されることになる。チャンドラー（2004）は，戦略を「企業における長期的目標の決定と，その目標達成に必要な行動進路の選択および資源配分」と定義している。また，榊原（2002）は，戦略とは「組織の基本的な活動の内容と範囲，経営資源の獲得・蓄積・配分，業務の構造とその基本的進め方，競争上の位置づけ（ポジショニング）等々を規定する特定の意思決定」と定義しており，これらの定義から，目標や活動を定める経営戦略には，組織の置かれた環境や時代に即した柔軟な変化が求められることがわかる。

　これに対し，企業が何のために存在するのかという「理念」は，戦略の根幹を成す普遍的なものであって頻繁に変化するものではない。そのため，経営戦略が経営計画の策定を通じて絶えず確認されるのに対し，経営理念は，組織への浸透度合いを測る機会が通常の企業活動において

見受けられない。それゆえ，不祥事が発生した際に再発防止を目的として原点に立ち返るという，後手に回った見直しの対応しか取られてないことが多い。しかし，今日の企業には，自社が何のために存在するのかを明確に発信することが求められており，後述する「ESG投資」や「SDGs」はその機運の現れである。また，就職ランキングの上位企業の特徴として，経営理念を明確にしている点を分析し，経営理念を参照する学生が増加しているとの報告もある。人口減少社会の到来によりとくに若年層の労働力不足が問題となる中，中小企業にとってもいかに経営理念を明確にして浸透させるかが組織の存続を左右する課題といえるだろう。経営者の交代を伴う事業承継の局面は，経営理念を見直す絶好の機会なのである。

(2) 経営理念とは何か

　経営理念とは，その企業の存在目的や使命を簡潔に社内外に表現した文章であり，より具体的に言えば，わが社は何のために存在しているのか，わが社は何を通じて世のため人のために貢献するかといった，存在価値を示した宣言文のことである（坂本（2017））。

　経営理念は誰のものか，すなわち，誰に向けて発せられるものなのかの捉え方には変遷がある。1970年代の研究では経営理念を経営者のものと捉え，経営者の指導原理と見る傾向があった。これに対し，1980年代以降は経営理念を経営者と組織体，あるいは組織体のものであると捉え，経営者に対する指導原理に加えて，組織の行動指針・価値観が含まれていると解されるようになった。さらに，2000年代からは組織の信念や価値観と捉えられるようになった（田中（2016））。経営理念は個人のものから組織のものへと拡大して捉えられているといえよう。

　企業によっては，経営理念を「社是」「社訓」「社憲」「綱領」「クレ

【図表5-3】経営理念と経営戦略の階層

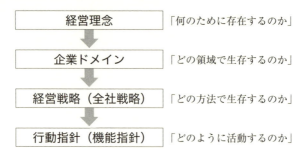

（出所）筆者作成

ド」「信条」「モットー」「基本方針」などと称しており，これらを並立させている企業もある。奥村（1994）は，このように多様性がある理由を，次のとおり理念の階層性に分けて分析しており，「理想」としての上位概念から「実践原則」としての下位概念へと位置付けることができる。

①会社の使命や存在意義についての「経営理念」
②これを具体化し実効あらしめる「経営方針」
③社員の行動を指示する「行動方針」

経営方針は，企業はどの事業領域で生存するのかを決める「ドメイン」の観点と，経営資源をどのような方法で活用していくのかを考察した「経営戦略」の総称と考えられる。このようにして理念から導かれた戦略は，それを実現するために組織人がどのように行動すべきかの「行動指針」へと落とし込まれる。図表5-3に示すとおり，組織人が目標達成に向けて行動するためには，理念に導かれる必要があり，組織に経営理念が浸透している状態が全員参加型経営の実践にとって重要になる。

(3) 企業ドメインに与える影響

　経営戦略は，上位概念である経営理念の実現のために何をすべきか，その時々の企業の代表者の価値観が反映されて変化していくものといえる。たとえば，ユニクロを展開するファーストリテイリング社は，2002年に生鮮野菜の販売に進出したが，黒字化を見込めず1年半で撤退した経緯がある。有限の資産を有効に利用するためには，やるべきことの他にやらないことを決定する絞り込みが必要であり，どの分野に資源を集中するのか企業ドメインを明らかにする必要がある。ファーストリテイリング社は現在，次のようなステートメントとミッションを掲げている。

　「服を変え，常識を変え，世界を変えていく」（ステートメント）
　「本当に良い服，今までにない新しい価値を持つ服を創造し，世界中のあらゆる人々に，良い服を着る喜び，幸せ，満足を提供します」（ミッション）

　これらの定義付けを行ったことにより，良い服を創ることが自社の進むべき道として明らかになり，自社はどの分野で戦うのかの企業ドメインが明確になっている。また，同社の社長である柳井正氏は実質的な創業経営者であり，次世代への事業承継に備えて同社の進むべき道を明らかにしたものとも考えられる。すなわち，経営理念には，経営の自由度を制限し，組織が進むべき道を明らかにする効用があるともいえるだろう。

(4) 行動指針に与える影響

　組織においては，上司への報告とそれに基づく指示は当然重要である

が，一つ一つの仕事の進行に上司や先輩の判断を仰ぐことは事実上不可能である。それゆえ，従業員が自分一人で判断するときに拠って立つべき行動指針が必要となる。

　職場での疑問は，かつては先輩や同僚に聞くことで解消できることが多かった。しかし，今や職場の課題としてコミュニケーション不足を挙げる企業は，実に企業全体の8割を超えているとの報告もある。これは，上司から部下への接触がパワーハラスメントやセクシャルハラスメントに繋がりかねないとして，上司が部下との距離を測りつつ接している様子が見受けられること，また，成果主義制度の導入や終身雇用制度の崩壊に伴い，職場の人間関係が希薄化していることなどに起因するものと思われる。その結果，かつては起こりえなかった不祥事が発覚し，現在ではコンプライアンス違反事例の報道が後を絶たない。

　コンプライアンス違反事例の再発防止には，なぜ企業統治が機能不全に陥ったのかを究明する必要がある。たとえば，三菱自動車株式会社は，度重なるリコール隠しや燃費データの数値改竄等の不正が続き，同社の特別調査委員会から「すべての根源は会社が一体となって自動車を造り，売るという意識が欠如していたことにある」との報告がなされている。また，雪印乳業株式会社（以下，「雪印」と略）は，2000年に発生した食中毒事件に続き，2001年に子会社である雪印食品株式会社が起こした牛肉偽装事件により，決定的に信用を失い解体的出直しを余儀なくされた。これらは，1955年に雪印に起こった食中毒事件の教訓を活かせない企業風土に，同社が陥ったからだとの指摘がなされている。

　これらの事案に共通する問題点として，組織の中に自社の存在意義が浸透していなかったことが挙げられる。違反の原因が組織ぐるみか，個人の犯行かに分類されることがあるが，その行動を抑止できなかった組織の在り方自体に問題がある。その原因は，自らが誰にどんな便益を提

供し，社会とどのように関わっているのかを示す理念・ビジョンが浸透していなかったことにある。

　今また再び，製造業を中心に製品の数値改竄など不祥事が多発している中で，日本企業は社会との関わりを見つめ直す時期に来ており，それはどのようにして経営理念を共有するのかが問われている証でもある。かつては人間関係の繋がりで防げた事故やトラブルを，集団重視から個人重視へと変化した社会環境のもとで防ぐためには，組織で働く個々人に共通の価値観を規範として確立し，それを浸透させる必要がある。

(5) 社会変化への対応

　上位概念である経営理念は普遍的であり，下位概念は環境に応じて変化していくものであることを述べた。たとえば，近江商人を源流とする「三方よしの精神」は，「売り手によし」「買い手によし」「世間によし」として，取引当事者の関係に留まらず，社会との関わりを重視した経営に重きを置いた160年以上続く価値観である。これは，グローバリゼーションやダイバーシティといった社会環境の変化にも対応可能な価値観といえるだろう。今日でも，とくに関西方面を創業の地とする企業において「三方よし」を経営理念とし，自社の存在意義やルーツとして積極的に掲げる企業は多い。

　グローバリゼーションやダイバーシティに続く，企業を取り巻く今日の社会変化として，企業の社会的な責任を評価する基準であるESG（Environment-Social-Governance）投資の機運が高まっていることが挙げられる。ESG投資は，環境と社会，企業統治の三分野に対する取組みを踏まえて投資先を判断する手法で，2006年に国連が「責任投資原則（PRI：Principles for Responsible Investment）」を提唱したことがきっかけになった。PRIには世界で1,700以上の機関投資家が署名して

おり，日本では年金積立金管理運用独立行政法人（GPIF：Government Pension Investment Fund）が2015年に署名している。これまでにも，企業の価値を売上高や利益の分析だけでなく，財務数字に表れない観点から評価する基準は，企業の社会的責任を評価するCSR（Corporate Social Responsibility）から，社会との共有価値を創造するCSV（Creating Shared Value）へと変化してきている。ESG投資は，企業の社会的責任に重点を置く投資の考えであるSRI（Social Responsibility Investment）が源流にある。

ESG投資が投資家の基準であるのに対し，投資を受ける企業自体は，活動の指標を「持続可能な開発目標（SDGs：Sustainable Development Goals）」に置き始めている。SDGsは，2015年に国連で採択された目標であり，図表5-4に示すような世界が克服すべき貧困や気候変動，ジェンダーの不平等といった問題の解決に加え，海洋資源や陸上資源の維持・保護，クリーンエネルギーの実現に向けた17の目標を掲げている。

【図表5-4】SDGsの17の目標

SUSTAINABLE DEVELOPMENT GOALS 世界を変えるための17の目標		
1. 貧困をなくそう	7. エネルギーをみんなに そしてクリーンに	13. 気候変動に 具体的な対策を
2. 飢餓をゼロに	8. 働きがいも経済成長も	14. 海の豊かさを守ろう
3. すべての人に 健康と福祉を	9. 産業と技術革新の 基礎をつくろう	15. 陸の豊かさも守ろう
4. 質の高い教育を みんなに	10. 人や国の不平等を なくそう	16. 平和と公正を すべての人に
5. ジェンダー平等を 実現しよう	11. 住み続けられる まちづくりを	17. パートナーシップで 目標を達成しよう
6. 安全な水とトイレを 世界中に	12. つくる責任つかう責任	

（出所）国連広報センター（HP）を元に筆者作成

ESG投資とSDGsは，投資基準と企業活動指針の関係に位置づける事ができ，投資家と企業の関係が，単に資金を拠出して利益を配当する関係から，社会的課題の解決を共に考え行動する関係へと変化してきたと言ってよいだろう。このように欧米が提唱してきた持続可能性というキーワードは，取引当事者の関係に留まらず、社会との関わりを重視した「三方よし」の精神に繋がるものがあり，日本企業は経営理念を示す中で欧米企業の価値観を先取りしていたといえるだろう。

4. 経営理念の浸透

(1) 経営理念の浸透のレベル

　経営理念が組織に浸透しているか否かを測る基準は，どのように考えるべきであろうか。この点につき，松岡（1997）は，図表5-5に示すように4段階のレベルに分けて浸透度合いの基準を設けており，レベルの数値が上がるにしたがって浸透の度合いは深くなっている。

【図表5-5】経営理念の浸透レベル

レベル	内容	浸透度
1	言葉の存在を知っている 言葉を覚えている	浅い
2	理念を象徴するような具体例を知っている 実際に自分で経験したことがある	やや浅い
3	理念の意味を解釈できる 自分の言葉で言える	やや深い
4	理念を行動に結びつける 行動の前提となる。こだわる	深い

（出所）松岡久美（1997）「経営理念の浸透レベルと浸透メカニズム—コープこうべにおける『愛と協同』」『六甲台論集—経営学編』（神戸大学）第44巻第1号, p.195

(2) 経営理念を浸透させる従来の方策

　上記の考察から，経営理念の浸透している状態とは，経営理念に表された言葉を仕事の拠り所とし，組織を代表して他者に語ることができる位に「腹落ち」している状態と定義することができる。経営陣が従業員に対して一方的に理念を伝えるだけでは，経営理念が浸透した状態を作ることは難しい。そこでまず，従業員とのコミュニケーションを図り，日々の業務が経営理念に照らしてどのように実践されているかを討論し，その結果を他の従業員や経営者と共有することが考えられる。

　確かに，これらの方法によれば，経営者が考えた理念にしたがって行動せよと一方的に命令することと異なり，従業員の自主性を促すことができるだろう。先に述べたとおり，社会の動きが個人主義に向かう流れの中で職場を共にする時間が減少し，また，個人のプライベートが尊重される傾向から，職場の仲間と飲食を共にする機会自体が減少した結果，上司や部下が本音を言い合う機会も減少している。このような環境下で，上司と部下或いは従業員同志が意見交換する場を設けることは有益である。

　しかし，組織には階層的なピラミッドが存在し，指揮命令系統がなければ動くことはできないから，完全にフラットな関係を構築することはできない。そこで，上下関係が存在していても，並列の関係に近づけるため，より自由な発言の機会を保障することが必要となる。コミュニケーションの在り方を双方向において突き詰めるならば，上下の関係ではなく並列的な関係でモノを言い合える関係が理想である。

　このような関係を構築する手法として，京セラ株式会社の「アメーバ経営」が挙げられる。同社の創業者である稲盛和夫氏は，経営理念である「全従業員の物心両面の幸福を追求すると同時に，人類，社会の進歩発展に貢献すること」を実現するため，①マーケットに直結した部門別

採算制度の確立，②経営者意識を持つ人材の育成，③全員参加型経営の実現を目的として，大規模化した組織を細分化し独立採算を徹底する「アメーバ経営」と呼ばれる経営管理手法を確立した。細分化された組織を束る軸に経営理念を据え，その実現のためにどう利益を獲得するかを組織員に追求させることで経営者意識を醸成し，全員参加型経営を実現する仕組がアメーバ経営には取り入れられている。たとえば，「コンパ」と称する酒食を共にする会を開催し，専用の和室を社内に設置して稲盛氏と車座で語り合う機会を設け，率直に「モノを言い合える関係」を構築している。なお，会社更生法の適用を受けて2010年に破綻した日本航空株式会社は，稲盛氏を更生管財人として招聘し，2年8ヶ月間の短期間で再び株式上場を果たした。

(3) 経営理念を共に創る

第3節（2）で述べたとおり，経営理念の名宛人は，経営者本人から組織に関連する人々全体へと変化してきている。それにも関わらず，経営理念自体は経営者が作成し，一方的に社内に浸透させようとする姿勢が見られることが多い。この点，経営理念を浸透させる場面においては，経営者が作った言葉を金科玉条のものとして手を触れさせないのではなく，従業員の意見を反映して言葉を変化させる自由が保障されるべきである。渡辺（2009）は，言葉の力について次のように述べている。「我々は言葉の力を利用して，人と人との関係や，人と人との間の行動規範などを言語化して，制度を構築化し社会を形成している。そのため言葉の果たす役割はとても大きく，言葉があるからこそ社会が機能しているといってよい」

思うに，言葉にはそれを発する本人の意思が込められており，他人の指示にしたがって言葉を変えることは難しい。言葉を修正することは自

分の意思を曲げることに繋がると多くの場合に感じるからだろう。それだけに言葉の持つ力は強い。だからこそ，命令ではなく対話を通じて表現を変えることができれば，「共感を得た言葉」が誕生し，その言葉には人を行動に駆り立て，あるいは行動を抑制する力が宿るのではないだろうか。そして，共に言葉を創る過程を共有することが，組織を一つの方向に向かわせる羅針盤の役割を果たし，社会を動かす力になると考える。

言葉を共につくる作業を共有することは，必ずしも新しい言葉を作り出すことを意味しない。たとえば，経営者が考案した言葉そのものであっても，従業員がその言葉に共感し，自分のものとすることができるプロセスを共有できれば，それは言葉の持つ力を共に手にしたことになる。

具体的には，従業員が経営理念をどう捉えているかを表現し，経営陣に対して発表する場を設ける。そのようにして出来上がった言葉を，経営陣がもう一度咀嚼し，従業員に伝えて理解を得る場を設けることができれば，経営理念が浸透した状態ができるものと考える。

5. 経営理念浸透の実例

(1) 経営理念を語り合う自由

序章で紹介したマテックス株式会社では，事業承継後から今日に至るまでに延べ400回を超える勉強会を開催している。この勉強会は「経営理念浸透カフェ」と名付けられ，後継者である松本社長が主催者となり，従業員と共に「マテックスらしさ」とは何かを考え，発表しあうことで共通の価値観を見出そうとしているものである。具体的には，10のコア・バリューに行きつくまでに200個以上のアイデアを出し合い，

絞り込む作業が行われている。経営者である社長が勉強会を率先しているが，従業員に発言の機会を与え，自身の意見を押し付けるのではなくてファシリテーターに徹している点にこのミーティングの特徴がある。ともすれば上位下達的になりかねない場面で，聞き役に徹して意見を収斂させるリーダーシップの在り方は，第4章の全員参加型経営でも述べた新しいリーダーシップの手本のように思える。このような信頼関係が構築できている場で交わされる議論の過程があるからこそ，経営理念が活きた言葉として組織内に浸透しているのだと思われる。

(2) 経営理念を変更する自由

　従業員が経営理念の表現を変更する取組みを実践している企業にジョンソン・エンド・ジョンソン社がある。同社は，世界60カ国に250以上の事業会社を持ち，約127,000人の従業員が働く巨大企業グループである。事業領域は，消費者向け製品，医療機器・診断薬，そして医薬品からなる3つの領域で構成され，数万種類の製品を顧客に提供している。

　同社の日本法人であるジョンソン・エンド・ジョンソン株式会社の年次報告書には，最初の見開きの頁に「我が信条（Our Credo）」と題した経営理念が記されている。ジョンソン・エンド・ジョンソンには，消費者に対する責任，社員に対する責任，社会に対する責任，株主に対する責任の4つを記した「我が信条」が存在するのみであり，社是，経営理念，ビジョン，ミッションなどは存在しない。我が信条は，1982年・1986年の二度にわたり，同社製品である「タイレノール」への毒物混入事件への対応の行動指針となり，現在も行動の拠り所，意思決定の基盤となっている。たとえば，毎年実施される社内アンケート「クレド・サーベイ」では「会社はイノベーティブな製品をつくっていると思うか」などの質問がYes・No形式で聞かれ，この回答欄には意見の記入

欄が設けられている。ここに記入された社員の意見・提案を実践するためのチームが組成され，社内からメンバーを選抜し，課題解決を実践している。また，「クレド・チャレンジ」と呼ばれるシミュレーションでは，顧客対応の場面を想定し，自分が取った行動がクレドに沿った行動だったのかの内省が行われている。

同社ではクレドを不変のものとして捉えておらず，従業員の意見を取り入れて変更して良いことになっている点に特徴がある。本国の取締役会でクレドの変更案を検討する映像が社内に放映され，従業員の意見が経営陣に伝わる安心感が生まれ，クレドの「押し付けられ感」がないようである。「クレドの存在が注目されるが，存在そのものではなく，クレドが浸透していることが会社の1つの大きな資産だと思う。」と同社の元社員は述べている。

経営理念を行動規範としてどう活かすかを従業員に考えてもらうことは，マテックス社をはじめ様々な企業で取組みがなされている。ジョンソン・エンド・ジョンソンでは，従業員が経営理念の表現を変えても良いという自由があり，経営陣もその意見を汲み取り実践しようとする姿勢に従業員の共感が生まれ，強い信頼関係が醸成されて浸透が深まっているように思える。

6. おわりに

本章では，自社の方向性を定義する経営理念を事業承継に際して見直す必要とその浸透策を解説してきた。事業承継の三要素である知的資産の冒頭に位置づけられているほど，経営理念の承継は重要視されている。そもそも，組織はどの段階に達すると経営理念が浸透しにくくなるのかを考察したうえで，経営理念の役割を，価値観から出発して経営方

針,行動指針に反映されるまでを解説した。そして,経営理念が組織に浸透している状態はどのような状態であるかを考察し,浸透させるためにはどのような方策があるのかを提言し,実例を紹介してきた。

　繰り返しになるが,事業承継は,経営者の交代という,中小企業にとっては,数十年に一度の出来事である。中小企業は,大企業に比べて組織が専門化・細分化されておらず,権限移譲もなされてない。この時に組織のリーダーが変わると,企業の成長を望むどころか,組織としての一体感を喪失し,今後の方向性を見失うことも十分あり得る。そのため,事業承継時こそ,企業組織としての存在意義を再確認し,経営理念を見直して従業員に浸透させることで,組織の一体感を醸成することが必要不可欠であると考えられる。

　経営理念として表現された言葉を,従業員の共感を得る言葉に昇華させることができるのか。共感とは互いに理解しあう感情であり,環境変化があるから互いを理解しあおうとする感情が芽生えることになる。事業承継は組織変革のタイミングでもあり,かかわる人の想いを紡ぎ出すには,組織の歴史や現状,経営者の想いや問題意識への理解が必要不可欠である。そこを乗り越えることで共感が生まれ,全員参加型経営の実現へとつながるのである。

〔参考文献〕
・リチャードL.ダフト著,髙木晴夫訳（2002）『組織の経営学：戦略と意思決定を支える』ダイヤモンド社
・浅野俊光（1991）『日本の近代化と経営理念』日本経済評論社
・稲盛和夫（2006）『アメーバ経営 ひとりひとりの社員が主役』日本経済新聞出版社
・奥村悳一（1994）『現代企業を動かす経営理念』有斐閣
・榊原清則（2002）『経営学入門（上）（下）』日本経済新聞出版社

- 坂本光司（2017）『人を大切にする経営学講義』PHP研究所
- 田中雅子（2017）『経営理念浸透のメカニズム』中央経済社
- ビジネス倫理研究会（2007）『大切なことはすべてクレドーが教えてくれた』PHP研究所
- 松岡久美（1997）「経営理念の浸透レベルと浸透メカニズム―コープこうべにおける『愛と協同』」『六甲台論集―経営学編』（神戸大学）第44巻第1号, p.195
- 水谷内徹也・内田康郎（2008）『理念と戦略の経営学』学文社
- 渡辺誠（2009）「言葉が人を動かすのか」松永澄夫編『言葉は社会を動かすか』東信堂

第6章

事業承継計画書を作成する

1. はじめに

　後継者とそれを補佐する右腕経営者を確保し，経営理念の見直しを行い，企業としての今後の方向性を定めたら，それを計画書に落とし込むことが重要である。事業計画書を文書化する過程を通じて，現経営者，後継者，右腕経営者の共通認識が得られ，また，文書化された計画書をその他の役員や従業員に見せることで，自社の現状と課題及び今後の方向性を周知することができる。さらに，後に述べるように事業承継計画書の内容は，補助金や助成金の申請書類にも活用することが可能であり，実務的にも大きな意義がある。

　本章では，事業承継計画書の作成について，経営理念や事業環境などの無形資産を含めた承継資産と事業そのものの「見える化」，「磨き上げ」を中心に，優先順位付けや計画表への記入など一連の工程を示す。事業承継計画書作成において重要となるのが，より早期に計画的に進めていくというBCP（事業継続計画）的・リスク管理的な視点である。

　このBCP的・リスク管理的なマネジメントについては，近年，中小企業においても，大手企業の取引先などから対応を求められている。この圧力は年々強まっており，BCP対応は多くの中小企業で重要性を増している。そこで，本章における計画書作成においても，BCP的・リスク管理の視点を含めて説明する。

　また，事業計画書作成の実務的なメリットとして，本章の手順に沿って戦略自体を作成することにも大きな意義があるが，その内容を様々な公的な書類に活用できることが挙げられる。たとえば，中小基盤整備機構のWEBサイトより「知的資産経営報告書」の書式をダウンロード[1]

1　http://www.smrj.go.jp/tool/supporter/soft_asset1/index.html

すれば，本章で紹介する分析結果に基づき，報告書を作成することができる。一度このような報告書を作成しておけば，目的によって様式は異なるものの，税制の優遇処置や補助金の申請書類に応用が可能である。

事業承継の対象となる資産は大きく分けて有形資産と無形資産がある。この点，有形資産の承継は重要であるが，既に様々な文献で具体的な方法論が説明されており，税理士・会計士などの多くの専門家の支援を受けながら作成することも可能である。一方，無形資産の承継も事業承継計画において必要不可欠な要素であるにも関わらず，その方法論を説明した文献は数少ない。本章では，汎用性の高い一般的な経営戦略の立案の流れを用いて，事業承継計画に活用できる無形資産の分析方法を紹介する。

2. 事業承継計画書の応用例

事業承継計画書を作成するためには，経営理念などの無形資産を含めた承継資産と事業そのものの「見える化」を行う必要がある。ここで整理された情報は，事業承継計画書としても活用できるが，他の様々な公的な書類，たとえば，「経営力向上計画に係る認定申請書」などを作成する際にも活用できる。経営力向上計画の認定を受けていると，「ものづくり補助金」において補助率が割り増しされるなど，様々な優遇措置の対象となることが期待できる。また，「見える化」を行う過程で活用するローカルベンチマークは，それ自身が金融機関との交渉などにおいて有効な事業用ツールであることは，第1章で述べたとおりである。

さらに，補助金等の申請書類に留まらず，2018年度の税制改正による10年間の納税猶予措置に対しても活用できる。事業承継税制における10年間の納税猶予措置については第1章で触れたが，その要件の一

【図表6-1】事業承継計画書の活用範囲

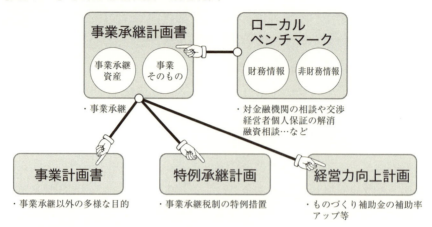

（出所）筆者作成

つが「特例承継計画」という事業承継計画の作成であり，これを都道府県に提出することが求められる。事業承継計画書の汎用版を作成しておき，そこから必要なエッセンスを抽出して「特例承継計画」に活用できる。

　事業承継税制は，事業承継を行う上で非常に重要であるため，ここでは，税制改正による納税猶予措置（以下「特例」という）の利点を，既存の猶予措置（以下「一般」という）と比較しながら概説する。

　「一般」の納税猶予措置とは，第1章で触れた納税猶予措置のことである。主な要件は以下の通りである。

・承継後5年間で平均8割以上の雇用維持を条件とする。
・総株式数の最大2/3までの株式数を贈与税・相続税の納税猶予の対象とする。
・上記2/3の内，贈与に関しては最大100%（2/3×100%＝実質66.7%），

【図表6-2】「特例」納税措置活用のための特例承継計画作成

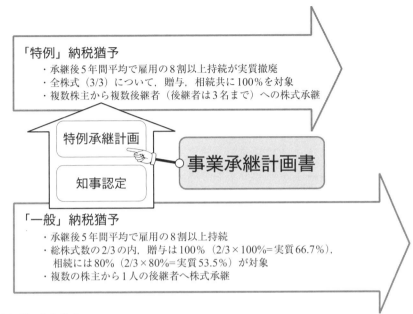

(出所) 筆者作成

相続に関しては最大80%（2/3×80%＝実質53.5%）を贈与税・相続税の納税猶予の対象とする。
・複数の株主から1人の後継者に承継する場合に適用する。

さらに「特例」の納税猶予措置においては，以下のように要件が緩和される。

・「承継後5年間で平均8割以上の雇用維持」要件が緩和される。
・全株式が100%贈与・相続税の納税猶予の対象となる。
・複数の株主から複数の後継者（後継者は3名まで）へ，各自の代表権

や保有株式数など一定の条件の下に株式を承継することができる。

　この納税猶予措置を受けるためには，2018年4月1日から5年以内に「特例承継計画」を提出し，都道府県知事の認定を受け，かつ10年間の「特定承継期間」内に贈与・相続したという認定を受ける必要がある。この「特例承継計画」の作成に本書の事業承継計画書が十分に活用できると考えられる。

3. 事前準備と危機管理

　前述のように後継者と右腕経営者が決めた後には，できるだけ早く彼らを経営に参画させながら会社の方向性を決めていくことが望ましい。そして，その結果を関係者と共有するためにも，事業承継計画書を作成することは非常に有益である。

　事業承継計画書の書式は，会社の現状に合っていて，使いやすいものであれば基本的に自由である。ただし，多くの中小企業の経営者にとって，このような計画書をいきなり作成するのは困難である。そのため，中小企業基盤整備機構などの公的機関が提示してフォーマットを活用することが有効である。また，文章で書かれたものも重要であるが，継続的な活用と見やすさとを前提に考えれば，「事業承継計画表」として一覧表にまとめると，後々の修正や改定が容易である。

　実際，事業承継を進めていく過程では，新たな問題の発生やそれに伴うルール作りなど，様々な課題が出てくる。そのたびに，その出来事が事業承継に直接的・間接的にどう影響するかを継続的に捉えていく必要があり，既に作成した事業承継計画表に必要に応じて書き込み，見直し，修正を加えながらブラッシュアップしていくことが求められる。

事業承継計画表は，可能な限り早い段階で作成にとりかかることが望ましい。作成に必要と考えられる要因がすべて揃うのを待たずに，とりあえず「0.5版」として未完成の状態で作ってみることも有効である。なぜなら，企業の事業活動においては，まず活動を開始してみて，進めながら軌道修正していく臨機応変さが求められる場面が多く，事業承継計画表を作り始めることで理解が深まり，関係者の意識も向上する効果が期待できるからである。

　また，現経営者と後継者が共同で事業承継計画書の作成を進めていくことは，現経営者が持病の悪化などの理由で突然退任したり，不慮の事故に見舞われたりした際の後継者の対応力育成にもつながる。事業計画表の作成と改定を繰り返す中で，想定される事態の内容もより広範囲で深いものになり，予期せぬ事態に遭遇した際の対応力が構築されていく。すなわち，事業承継計画書の作成が危機的状況への事前準備・危機管理対策（BCP対策）を講じることにつながるのである。

　BCPとは，Business Continuity Planningの頭文字であり，直訳すれば，事業継続計画である。とくに大きな被害をもたらすことが予想される事象（インシデント）に対して，事前対策を講じることが必要である。これにより，致命的な状況（クライシス）が実際に起こるリスクを低減することができ，仮にクライシスが発生したとしても，被害を最小限に抑える効果が期待できる。

　BCPに基づく事前対策としては，自然災害やサイバーセキュリティへの対策がすぐに連想される。なぜなら，発生頻度が低く，仮に発生した場合の被害が大きいインシデントへの対応策として，BCPがとくに有効と考えられるためである。なお，発生頻度が高く発生時の被害も大きいインシデントは，対峙する状況に置かれることそのものを避けるべきである。逆に，発生頻度が低く発生時の被害が小さいインシデントへ

の対応には，限られた経営資源を投下する必要がないとも言える。

　BCPの適用される範囲は，自然災害やサイバーセキュリティに限られたものではなく，「リスクを抱えた問題の内，事前対応により被害の状況を低減できるすべての事象」が含まれる。したがって，事業承継もBCPの適用される事象の一つと捉えることができる。

4.「見える化」の実践

　事業承継計画表の作成においては，第一に承継資産の棚卸しを行い「見える化」する必要がある。併せて，自社の事業そのものの現状と問題点を「見える化」することも円滑な事業承継には欠かせない。これらは，資産内容の整理や解決策の施行を通じて，承継までに可能な限り「磨き上げ」てから後継者に引き継ぐことが理想である。この点は，第1章でも既に述べた通りである。

　親族承継でも，計画から実際の承継完了まで何年もかかることを認識して，早めに行動を開始することが重要である。承継資産の「見える化」は，まずどのような資産があるかを洗い出すことから始める。当然，備品や機材のような有形資産，或いは株式や債権・負債といった数値的に管理できるものはあえて「見える化」するまでもない。これらの有形資産については，何がどれだけあるかを，リストにしてまとめておけばよい。

　一方，問題の顕在化という意味での「見える化」が必要な項目としては，現経営者の個性や能力への依存度の大きい人的ネットワークの存在であったり，特定の古参社員の高度な技術力であったり，無形で抽象的なものが中心となる。これらの棚卸しに漏れがあると，事業承継後に問題が表面化し対応に苦慮することになる。したがって，関係当事者たち

とも十分話し合いながら,「漏れなくダブりなく（MECE：Mutually Exclusive Collectively Exhaustive）」を心がけて棚卸しを行うことが重要である。

　企業の事業活動についても同様に,「見える化」のための棚卸しを行うことが求められる。事業活動における棚卸しとは事業の現状分析であり，どのような事業に，どのような環境の元でどのような自社の強みを活かして従事しているか，といった点についてまとめることが必要になる。事業のオペレーションが複雑化していたり担当者に属人的すぎたりすると実態を把握しづらいことが多い。さらに，承継財産に比べて事業活動は常に動いているため，その動向に合わせて見定める必要がある。無形の承継資産同様に，関係当事者たちと十分コミュニケーションを取りながら現状を把握していくことが望ましい。

5.「磨き上げ」の準備

　承継資産と事業活動の現状をある程度把握できたら，その中から解決すべき課題を含んでいるものを抽出していく。解決すべき課題には，現在問題を引き起こしているものに限らず，特定財産の名義変更時期など将来行うべきことや，事業承継の過程で問題を引き起こす可能性のあるものも含まれる。課題や問題の整理には表を用いることが有用であり，図表6-3に例を示す。

　問題点の「見える化」やその後の「磨き上げ」を見据えて，承継資産や事業を整理していく。まず，対象となる承継資産や事業を「承継財産と事業」の列に記入する。項目の分類のようなもので，短く分かりやすい言葉を用いる。「課題となる要因」の列には，問題や課題を引き起こしている，あるいは今後引き起こす可能性のある内容を，簡潔に書き込

【図表6-3】事業承継の課題の要因と具体的な問題点

承継財産と事業	課題となる要因	具体的な問題点
経営権の承継	親族後継者のリーダーシップ	後継者が従業員を統率する素養に欠ける
経営権の承継	従業員の理解	従業員が後継者を良く思っていない
経営理念の承継	従業員の理解・浸透	従業員が働きがいを感じていない
不動産の承継	社長の個人資産	現経営者の個人資産と会社の資産が混同している
株式の承継	右腕経営者の持ち分	右腕経営者にはあくまで"右腕"に徹してほしい
株式の承継	現経営者の会長職	現経営者の持ち分が少数になっても拒否権を維持したい
事業の承継	事業Aの将来性	現社長が始めた事業の将来が不透明である
事業の承継	事業Bの効率性	製品Bの製造効率が悪い

（出所）筆者作成

む。「承継財産と事業」と「課題となる要因」を見れば，事業承継におけるどの段階の問題・課題を考慮すべきかが分かるように整理する。さらに，「具体的な問題点」として問題・課題，或いはその火種となっている内容を，より詳しい言葉で書いておくとよい。このように，表にまとめることで，事業承継で考慮すべき要因を網羅的に把握することができる。

　抽出する項目として，承継の時期はいつごろか，後継者は親族なのか幹部社員なのか，右腕経営者は現経営者の右腕が続投するのか新規登用なのか，社員への告知時期をどうするか等，既に決まっている事業承継

方針があれば，列挙していく。それらを踏まえて自社の現状を整理していくと，自社の現状から大きく乖離した内容を選ぶことにはならないだろう。

　情報を表に整理していく上で，有形資産などの記入はデータや現物を確認することで列挙することが可能である。しかし，後継者の人望やリーダーシップ，現場のノウハウなどの無形資産は，周囲の意見をヒアリングするなどして把握する必要がある。データとヒアリングの両方での判断が必要な項目もあるので，現状に応じた臨機応変な対応が求められる。

6. 経営理念と経営戦略の文章化

　「見える化」と「磨き上げ」の結果を元に経営理念と経営戦略を文書化する。これらは事業承継計画書作成に必要不可欠の要素である。

　事業承継計画書を作成するにあたり，様々な様式が入手可能である。たとえば，中小機構の「事業価値を高めるための経営レポート作成マニュアル改訂版」で使用されている「事業価値を高めるための経営レポート」や日本政策金融公庫の「事業の未来を描くためのつなぐノート」で使用されている「見える化シート」などが挙げられる。名称こそ違うが，どちらも事業承継における承継資産・事業の「見える化」や「磨き上げ」に有効なツールである。その他にも様々な書式が存在するが，まずは経営理念を記入する欄を設けている様式が多い。そして，バリューチェーンのフレームワークで事業内容と顧客への提供価値を把握する点，SWOT分析で事業を戦略的に捉える点，それを踏まえて今後の展望を記載するようになっている点なども共通している。また，今後の方向性についても，クロスSWOT分析により導き出されることや，

それに続く事業承継計画書による管理がバランススコアカードの考え方が採用されている点などを踏まえれば、実は、これらの様式は、汎用的な経営戦略立案のフローを用いていると考えられる。

(1) 経営理念及び経営戦略立案フロー

本節では、前述の「事業価値を高めるための経営レポート」を参考に著者が作成したフロー図（図表6-4）を用いて、経営理念及び経営戦略を作成する手順を説明しよう。

まずは、経営理念と事業概要を含めた企業の概要を記載する。その上で、企業の内部環境と外部環境を分析し、それを一つの表として分析する。これが一般にも良く知られているSWOT分析である。この分析項目をクロスするSWOT分析により、現状の課題と今後のあるべき姿を提示して、経営戦略を立案する流れである。

これらは単なる書式というよりも、経営戦略のフレームワークを用いた事業の評価プロセスそのものと言っても過言ではない。実は、事業承継に留まらず、事業再生計画やデューデリジェンスなど、目的こそ違うものの多くの事業評価の場面で、経営戦略論的なフレームワークの流れが有効に活用できる。

(2) 経営理念の明文化

ここからは、実際に「見える化」と「磨き上げ」を図表6-4の流れに沿って順に説明しよう。

まず、企業にとって最も大切な経営理念を書き込む。経営理念は、事業戦略やドメインなどを支える基軸であり、ゆえに抽象的になりがちである。しかし、これをあえて言葉にすることで理念そのものが「見える化」されると同時に、従業員に伝えられ、理解され、浸透されやすくな

【図表6-4】「経営理念」と「経営戦略」立案のフロー

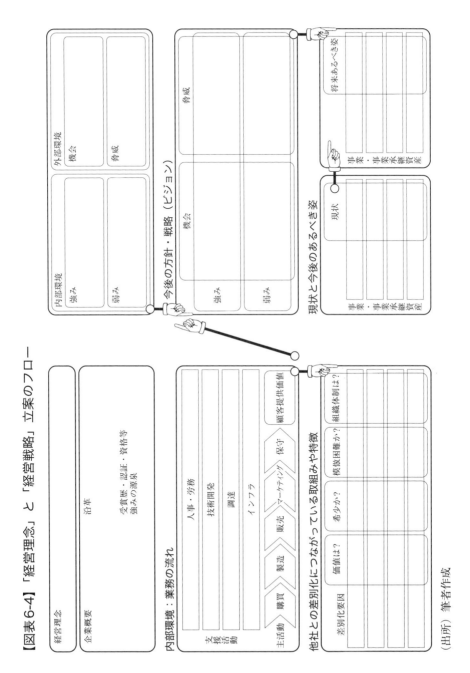

(出所) 筆者作成

第6章 事業承継計画書を作成する 131

【図表6-5】図表6-4より抽出（企業理念及び企業概要等）

```
┌─────────────────────────────────────────────┐
│ 経営理念                                      │
│                                             │
└─────────────────────────────────────────────┘
┌─────────────────────────────────────────────┐
│ 企業概要              沿革                    │
│                                             │
│                     受賞歴・認証・資格等        │
│                     強みの源泉                │
│                                             │
└─────────────────────────────────────────────┘
```

（出所）筆者作成

る。それにより，従業員たちが現場で考え判断する際に会社の向かう方向を大きく踏み外すリスクが抑えられる。事業承継の時期に経営理念を再確認したり言語化したりすることは，ともすれば経営が不安定になりかねない経営者交代時期に大きな羅針盤としての役割を果たす。実際の経営理念は，自社の存在意義や経営で大切にしていることを簡潔にまとめて書くとよい。

　企業概要には，社名，本店・支店の所在地，代表者名，従業員数，資本金，直近の業績などを記入する。沿革は会社の転換期となった出来事を中心にまとめる。受賞歴や受けている認証，取得資格は，自社の強みにつながりそうなものを中心にまとめる。事業承継において，後継者候補や右腕経営者など新たにステークホルダーとして加わる者に対し，このような一元管理された資料を用いて共通認識の醸成を図ることは重要である。

(3) バリューチェーン分析

　企業理念及び事業の概要を定義した後に，企業の内部環境と外部環境

【図表6-6】図表6-4より抽出（バリューチェーン）

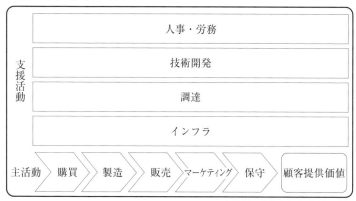

（出所）ポーター（1985）より，筆者作成

を分析することで，現状の課題と今後の方向性を見出すことができる。まず，企業の内部環境として，その業務の流れを分析するフレームワークが，バリューチェーン分析である。経営戦略の第一人者であるポーター（1985）が提唱した手法である。

このフレームワークを用いて，企業の活動内容を主活動と支援活動に分けて自社の特徴や差別化要因の源泉を浮き彫りにしていく。主活動とは，営業する上で利益の源泉となっている一連の事業活動の流れである。たとえば，製造業であれば購買に始まり製造，販売・マーケティング，保守といった流れである。一方，支援活動は，主活動を支えるいわば後方支援部隊が行う活動である。人事・労務，技術開発，調達，その他インフラ全般などが含まれる。ここで主活動と支援活動とを分離したバリューチェーンを用いることで，表舞台の主活動だけでは見えにくい部分を含めた「見える化」を行い，事業承継を迎える企業の全体像を捉えやすくする。それぞれの活動で自社の強みとなりそうな要因を検討す

る。たとえば，人事をまとめるのに長けた古参社員や技術力の高い社員の存在などは，事業承継を進める上で強く意識しておきたいポイントである。

　実際にフレームワークを用いるにあたっては，まずは主活動のタイトルを書き込んでいく。その上で，各項目でどのような活動が行われているかを具体的に書き込んでいく。支援活動についても，自社でどのような部門がどのような活動を行っているかを書き出していく。主活動，支援活動共に，実際の活動内容をできるだけ書き出していく。

　つぎに，書き出した活動内容の中から，自社にとって特徴的なもの，他社と比較して差別化できそうなものや劣っていそうなものを抽出する。そして，これらの特徴が実際に他社との差別化につながっているかを確認するのが，つぎに説明するVRIOを用いた手法である。

(4) VRIO分析

　会社の特徴は，得意分野などのポジティブな要素と，あまり得意ではないネガティブな要素とに大別できる。前者が強みの源泉であり，後者が弱みの源泉となる。弱みについてはある程度明白な部分もあり，あえて裏付け証拠を細かく分析する必要はないであろう。しかし，他社と差別化し強みの源泉となる要素については，自己満足にならないように客観的な視点から検証が必要になる。

　そこで用いられるのがVRIO分析である。世界的にも著名な経営学者であるバーニー（2003）が提案したフレームワークである。

　VRIOとは，それぞれの分析項目の頭文字を示している。差別化要因と考えられる要素を，Value（価値），Rarity（希少性），Inimitability（模倣困難性），Organization（組織）の4つのふるいにかけて検証する。

　たとえば，現経営者に属人的な製品加工技術があるとする。この技術

【図表6-7】図表6-4より抽出（VRIO分析）

他社との差別化につながっている取組みや特徴

差別化要因	価値は？	希少か？	模倣困難か？	組織体制は？

（出所）筆者作成

は，他社との差別化要因として自社の強みになるだろうか。それを判断するため，これら4つの問いに基づきスクリーニングを行う。

①この技術そのものは価値があるものか？
②この技術は希少性が高いものか？
③他社に簡単に真似されないか（模倣困難性が高いか）？
④その価値を提供するための組織体制は取られているか？

せっかくの加工技術も，市場のニーズを満たす貢献をしていなければ価値があるとは言えない。また，価値ある技術であっても，他社でも既に行っているようなものでは希少性が低く差別化は困難である。また，現在は希少な技術であっても，それが簡単に他社に模倣されてしまうようなものなら，持続可能性に問題があると言える。さらに，価値ある技術を用いて製品やサービスを顧客に提供するにあたり，それを支えるだけの組織体制が保たれなければ，技術やサービスのレベルが持続的に向

上することが期待できない。

これらの問い4つのすべてをクリアするような特徴があれば，それは，他社との差別化をもたらす「十分な強み」となる。ただし，これらすべての問いをクリアする特徴はないと言う中小企業も多いだろうから，問いの2つか3つをクリアする特徴を「強み」とすることでも十分である。

一番重視すべきポイントは，顧客にとっての価値があるかという問いである。逆に，顧客にとって価値があるものを，同業他社と比較して十分に提供できていない特徴は「弱み」となる。

(5) SWOT分析1：内部環境要因

VRIO分析のスクリーニングを通して「強み」と認定された要素は，以下の表の「強み」欄に書き込んでいく。併せて，すでに認識されている「弱み」についても，表の「弱み」欄に書き込んでいく。これらを書き出すことで，自社が何を得意とし何を不得手としているか，どのような希少価値を「強み」の源泉として所有しているか等の内部環境が「見

【図表6-8】図表6-4より抽出（SWOT分析（1））

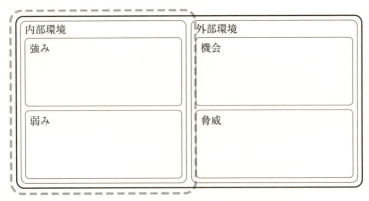

（出所）筆者作成

える化」されてくる。表には，併せて外部環境を記入する欄が設けられていて，プラスの要因の「機会」，マイナスの要因の「脅威」に分けられている。「強み」，「弱み」と併せてこれら4つの要因を書き出し分析する方法を，SWOT分析という。VRIO分析同様，Strength（強み），Weakness（弱み），Opportunity（機会），Threat（脅威）の頭文字をつなぎ合わせたアクロニムになっている。

(6) SWOT分析2：外部環境要因

　「強み」も「弱み」も，競合他社などの外部に対して自社が強いか弱いかという観点から整理されており，これらを内部環境要因と呼んでいる。一方，政治や社会情勢など，社外（＝外部）で起こっていることが自社にとって機会となるのか脅威となるのかという視点で分析されるものを，外部環境要因としている。

　SWOT分析は，内部環境要因（「強み」と「弱み」）と併せて外部環境要因（「機会」と「脅威」）により構成されていることは，前述の通りである。前項までは内部環境要因を取り上げてきたが，本項では外部環境要因を取り上げる。

　内部環境要因の「強み」と「弱み」を絞り込む過程では，バリューチェーンやVRIO分析を用いた。その流れに従えば，外部環境要因の「機会」と「脅威」に関しても同様の過程を経て選別されることが望ましい。そこで，外部環境要因の絞り込みに有効なフレームワークを2つ，以下に紹介する。

　① ファイブフォース分析

　ファイブフォース分析は，自社の事業に関して，5つの視点で分析するフレームワークであり，これもポーター（1995）が提唱した。第1の視点に，その事業を行う競合他社の存在を考える。競合他社が今後自社

【図表6-9】ファイブフォース分析

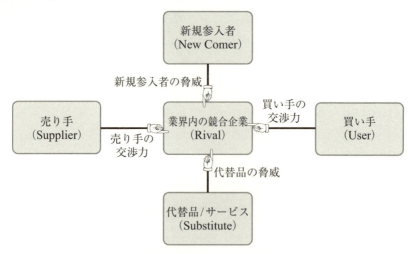

(出所) M.E.ポーター (1995)『競争の戦略』ダイヤモンド社

の脅威となるか，あるいは，競合他社が脱落して，自社の機会になるのかを分析する。第2の視点に，事業に必要な製品やサービスの供給元（売り手＝仕入先）との関係があり，逆に，自社事業の提供する製品やサービスの提供先（買い手＝顧客）との関係が第3の視点である。

売り手との関係を例にとれば，特定の売り手からしか入手できない製品・サービスを扱っていれば自社が劣位（売り手が優位）であり，逆に複数の仕入先と取引関係にある場合，価格交渉などにおいて自社が優位（売り手が劣位）となる。買い手との関係においては，売り手と買い手の立場が逆転するため，他社と差別化された製品・サービスを提供することが重要な要素となる。これらの分析から，機会と脅威を導き出す。

第4の視点は，今後他社が新規参入してくる可能性であり，これは直接的な脅威になる。そして第5の視点として，自社製品やサービスが代替品に奪われる可能性も脅威である。ただし，他社や代替品の参入が容

【図表6-10】図表6-4より抽出（SWOT分析（2））

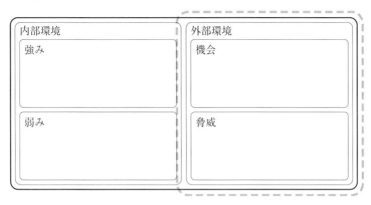

（出所）筆者作成

易であるということは、裏を返せば自社がその他社や代替品の分野に参入できる可能性もあり、その場合は機会となり得る。

　これら5つの視点を分析して、自社事業が今後優位になるか劣位になるかの外部環境を分析する。事業承継においても、こうした取引関係を改めて見直し、自社を取り巻く環境を「見える化」することは、事業の引継ぎをスムーズに推し進める上で重要であると考える。

　② PEST分析

　ファイブフォース分析は、外部環境の中でも自社の事業を取巻くミクロの環境を中心に分析するものである。一方、マクロの視点から自社の事業を分析するのが、PEST分析である。Politics（政治）、Economy（経済）、Society（社会）、Technology（技術）のアクロニムであり、これらの要因が自社にどのような影響をもたらすかを分析する。たとえば、消費税増税といった政治・経済的要因、社会全体のトレンドや技術革新によるインフラ整備などがどのように自社製品・サービスに影響するかを確認する。ファイブフォース分析同様、こうした視点から自社事

業を分析することは，自社のポジションを再認識するきっかけになる。これは，事業承継を進める上でも有益である。

　併せて，事業承継そのものに関する社会の動きを確認する上でもPEST分析は有効である。たとえば，一般的に中小企業が後継者難に陥っているといった傾向や，親族承継以外にもM&Aを含めた事業承継ビジネスが盛んになってきていることは，事業承継を進める上で重要な脅威や機会の情報である。

　これらのフレームワークを用いて抽出した「機会」と「脅威」を，外部環境の欄に書き込み整理する。これに「強み」と「弱み」を併せて，SWOTの4象限すべての構成要素が一覧で「見える化」されることとなる。

(7) クロスSWOT分析

　クロスSWOT分析は，SWOT分析で書き出した「強み」と「弱み」の内部環境要因と「機会」と「脅威」の外部環境要因とを掛け合わせて解決すべき課題や事業の方向性を導き出す分析手法である。このとき，必ず内部環境要因と外部環境要因とを掛け合わせるようにする。

　他社とは高度に差別化された製品が「強み」である製造業を例として考えてみよう。外部環境として，「大手部品メーカーが，自社製品の安価な代替品を製造する予定」との情報がもたらされたとする。この「脅威」に対し，自社の「強み」である「高品質部品を愛用する固定客」が安価な模造品にはなびかないように，「更なる品質向上と販売促進に努めていく方針」を打ち出す。これが「強み」と「脅威」を掛け合わせて事業の方向性を決めていく戦略の方針となる。

　「強み」に「機会」を掛け合わせる例を考えてみよう。自社製品の国内市場はやや飽和状態である。しかし，「海外の市場は大きく伸びてい

【図表6-11】図表6-4より抽出(クロスSWOT分析)

今後の方針・戦略(ビジョン)

	機会	脅威
強み		
弱み		

(出所)筆者作成

る」という「機会」があるとする。また,「他社に比べて,海外事業展開において豊富な経験のある社員が育成されている」という「強み」がある。さらに,「最近行政が企業の海外展開を後押しする形で巨額の助成金投入を決めた」とする。「社員の豊富な経験」と「海外展開への助成金」とを活かして,「自社製品の海外展開」という新たな一手を打つ,これが「強み」と「機会」の掛け合わせによる戦略である。

 以上の自社の「強み」と「弱み」,自社を取り巻く「機会」と「脅威」の分析を元にSWOT分析とクロスSWOT分析により,今後の事業展開の指針を提示する手法は経営戦略立案の汎用的な手法として提示されている方法である。そして,事業承継の計画書作成においても,これらの分析手法は有効である。SWOT分析において,自社内部の強みと弱みを改めて分析し,普段はあまり意識しない外部環境を考察することにより,視野を大きく広げることで多くの可能性が見えてくることが期待できる。

(8) あるべき姿への「磨き上げ」

　クロスSWOT分析をした結果，課題解決や「磨き上げ」の方向性が「見える化」される。過去から現在において企業が置かれている現状を「見える化」することで，将来の「あるべき姿」も見出すことができる。このように，現在おかれている状況とあるべき姿とのギャップを常に意識して比較することは，事業承継においても計画を策定し実行する上で非常に重要である。比較を続ける過程において，どれだけ現状とあるべき姿とのギャップが埋まってきたかを，PDCAを回しながら確認していくことも有効である。

　このような，経営戦略のフレームワークの流れに沿って「見える化」された会社全体の青写真は，実際の事業承継においてどのような項目を重視するかの判断材料となる。「見える化」された会社の実情や重要度判定の結果を元に，どのような舵取りをし，打ち手を講じるかといった内容を，実施時期を含めて具体的に事業承継計画書に落とし込んでいくことになる。

【図表6-12】図表6-4より抽出（現状と今後のあるべき姿）

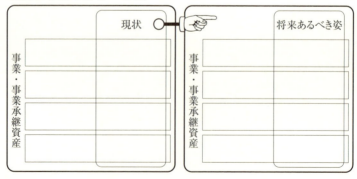

（出所）筆者作成

7. 事業承継計画書の作成

(1) 現状を踏まえた事業への影響度

　承継資産や事業の問題点を「見える化」し、「磨き上げ」の方向性がまとまったら、次はこれらを重要度別に分類し、それに応じた対応策や実施時期などの計画を策定していく必要がある。

　危機管理の基本的な考え方を踏襲し、事業への影響度と発生頻度の2軸でインシデントの重要度を考えるべきである。実は、BCP的な観点から対策をとることが有効なものは、影響度が大きく発生頻度が低いインシデントである。自然災害対策などに代表されるように、「めったに起こらないことだからこそ、日ごろから対策を整えておこう」、「備えあれば憂いなし」という考え方が重要である。

　最初は、箇条書き程度でよいので、影響とその範囲について簡単にま

【図表6-13】事業への影響度と発生頻度の概念図

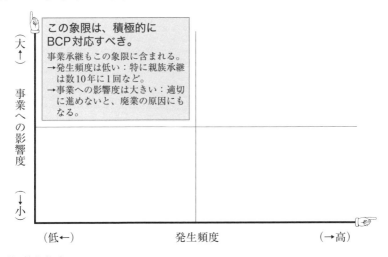

（出所）筆者作成

とめておくと，情報の整理にもなって有用である。自社に関連すると判断して抽出した項目でも，差し当たって事業承継への影響があるとは思えないものもある。そのような場合，「影響が低い」と分類しても構わない。その項目が，「現時点では影響度がない」ことが「見える化」されることになる。このような項目も，予め想定しておくことで，将来問題として顕在化したときに，課題解決への対応が早くなる。したがって，現在は影響度が低いと判断される項目についても，自社に関連する限り加えておくようにする。

　影響度を考察する上で重要なのは，周囲の状況も踏まえて判断することである。図表6-3の例を用いて考えてみよう。ここでは，課題となる要因として「親族後継者のリーダーシップ」を一行目に挙げている。その問題点としては，後継者となる人物が組織をまとめていくだけのリーダーとしての素養が未だ備わっていないことが指摘されている。この場合，後継者にリーダーシップが培われるまでの間（あるいはそうならない場合は将来に渡って会社が継続する限り），右腕経営者や従業員など周囲の組織力でリーダーシップを補っていけるかどうかがポイントとなる。

(2) 事業承継計画書への記入

　問題への対応・課題解決のための対応方法を重要度に基づきランク付けしたら，その内容を事業承継計画表に記入していく。親族承継では約10年間の計画表を用意し，重要度の高い項目から順に実際に行う内容を対応する時期に書き込んでいく。対応時期にある程度の幅がある場合，なるべく早い時期を想定して記入しておく。そうすれば，重要度の高い項目を後から加筆する際，最初に書き込んでおいた項目を可能な範囲で調節できる。

【図表6-14】事業承継計画書（10年版）

事業年度		20XX年	20X1年	20X2年	20X3年	20X4年	20X5年	20X6年	20X7年	20X8年	20X9年
事業承継の基本方針		後継者： 事業承継の時期： 事業承継の方法：									
会社	株式の所有者と持ち株数など										
	承継に伴う人事体制										
	その他										
現経営者・氏名	年齢										
	役職										
	持ち株・財産・負債の状況										
	その他										
後継者・氏名	年齢										
	役職										
	持ち株										
	後継者教育										
	その他										
右腕経営者・氏名	投入時期などの関与方法										
	役職										
	関与方法										
	その他										
親族	承継への協力										
	相続との調整										
	信頼関係の構築										
従業員	従業員教育										
	新体制への協力体制										
取引先	信頼関係の構築										

（出所）筆者作成

実際に，個別の対応策を事業承継計画書に書き込んで行く際，たとえば，現経営者との面談を行うのであれば，「第1回承継ミーティング」のように計画書に書き込む。上記の事業計画書の例は10年全体を見渡せるような書式（図表6-14）になっているが，実務的には1年ごとの計画表（図表6-15）を併用し，対応策を実施する時期を「月」レベルまで落とし込むことが望ましい。

　たとえば，再度，「リーダーシップのない後継者」を例に挙げる。リーダーシップの醸成は決して簡単ではないが，次の経営者として後継者にすると決めたからには，時間をかけてある程度，自社のリーダーとしての能力を育成する必要がある。自社の経営者として必要なリーダーとしての能力の構成要素を考え，統率力，判断力，営業力，技術力など具体的な能力を検討することが必要である。もちろん，これらは，ある程度，属人的な素養が必要かもしれない。ただし，すべての能力を求めるのではなく，後継者の素養も踏まえながら，時間をかけて育成することも不可能ではない。たとえば，一定規模の組織のリーダーやプロジェクトの責任者にするなどによって，統率力や判断力の向上が期待できるかもしれない。一方，技術力などは，分野にもよるが，最近流行りのAIやIoTを用いた設備について学習させたり，マニュアル化したりして対応することで習得が期待できると考えられる。営業力は，製品やサービスの販売・提供の定型的側面からはマニュアル化も重要であるが，現経営者の営業に後継者を同行させるなどのOJTにより，能力の向上が期待できる。

　このような現状と課題を考慮しながら，具体的な対応策の内容を決めていく。後継者だけでなく，従業員についても，必要であれば，研修や学習会，或いは現経営者との定期的な面談などを通して当事者意識を醸成し，能力を育成していく。事業承継を機会として，後継者のみなら

【図表6-15】事業承継計画書（1年版）

事業年度：20XX年

事業承継に係る活動内容	1月	2月	3月	4月	5月	6月	7月	8月	9月	10月	11月	12月
会社	後継者： 事業承継の時期： 事業承継の方法：											
現経営者・氏名												
後継者・氏名												
右腕経営者・氏名												
親族												
従業員												
取引先												

（出所）筆者作成

ず，他の役員や社員を含めた会社組織として，どのように教育・サポートし，フォローする体制を作るかを考えることが望ましい。

　事業承継によって，組織活動の連続性が失われる可能性があることは第5章で指摘したが，後継者が組織として人をまとめていく上で，全社一丸となって一つの方向を目指していく姿勢も重要である。そこで有用なのが，経営理念である。社内で一つのビジョンを共有し，社員同士が互いの「右腕」として信頼し合える組織を作ることができれば，後継者への高依存体質にはならない。このような団結力を持った企業は強い。なお，従業員の教育に関する具体的な内容については，第7章で解説する。

8. おわりに

　本章では，事業承継計画書に必要な経営戦略の策定方法の詳細を説明した。そして，この結果を活用して，事業承継計画書を作成できることを述べた。事業承継計画書の内容は，目的によって様々な様式があるものの，税金や補助金の申請用の書類として十分活用できるという実務的なメリットがあることを紹介した。

　少し細かい説明があったものの，実際に，本章の流れに沿って分析することで，誰でも事業承継計画書が作成できるようになる。また，分からないことがあれば，中小企業診断士やコンサルタントなどの外部の専門家の支援を受けながら作成することも有効であり，第三者の客観的な意見も大変参考になる。一度，計画書を完成させておけば，その後に多様な申請書類の作成に応用ができるが，何よりも，現経営者，後継者，右腕経営者，そして，その他の役員や従業員と計画を共有することが，今後の企業の成長に大きく貢献すると考えられる。

〔参考文献〕
- M.E.ポーター（1985）『競争優位の戦略―いかに高業績を持続させるか』ダイヤモンド社
- M.E.ポーター（1995）『競争の戦略』ダイヤモンド社
- ジェイB.バーニー（2003）『企業戦略論：競争優位の構築と持続』ダイヤモンド社
- 緒方順一・石丸英治（2012）『BCP〈事業継続計画〉入門』日経文庫
- 東京海上日動リスクコンサルティング株式会社（2012）『図解入門ビジネス 最新リスクマネジメントがよ～くわかる本［第2版］』秀和システム
- 宮本勇人・加藤美香保・本田真郷・和田はる子，弁護士法人リバーシティ法律事務所監修（2016）『図解入門ビジネス 最新事業承継の対策と進め方がよ～くわかる本［第2版］』秀和システム
- 牧口晴一・齋藤孝一（2018）『図解＆イラスト中小企業の事業承継 九訂版』清文社．
- 良成英紀（2017）『攻めの経営を可能にする 本当のリスク管理をするための本』日本経済新聞社
- 独立行政法人中小企業基盤整備機構 事業承継・引継ぎ支援センター（2012）『事業価値を高める経営レポート作成マニュアル改訂版 知的資産経営報告書』

第7章

従業員を教育する

1. はじめに

　本章では，事業承継の最後のステップとして，後継者，その他役員及び従業員を教育する重要性について解説する。社員教育は事業承継と直接関係のないテーマと思われるかもしれないが，事業承継の後に企業が持続的に成長するために必要なプロセスである。

　本書で繰り返し述べているが，事業承継は，資産を承継するだけで終わりではない。また，先代経営者から引き継いだばかりの後継者の多くは，その後に社内をまとめあげて，成長を実現するため大きな壁にぶつかることが多く見受けられる。これを乗り越えるためには，右腕経営者やその他の役員，あるいは従業員がそれぞれ経営者の視点を持って能動的に活動することが重要である。そのため，後継者，その他役員及び従業員を教育する必要があり，事業承継における最後の仕上げのステップに位置づけられるのである。

2. 後継者向けの教育

　事業承継にかかわる教育は，大きく，後継者向けの研修と従業員を巻き込んだ全員参加型研修に分けられる。現経営者が事業承継の準備に当たり，後継者の育成方法で重視していることは以下のとおりである。

　図表7-1は後継者の育成方法で重視することが示されている。経営者は「後継者には社内で実務的な勤務経験を積ませること」や，「経営者が後継者をサポートしながら経営に関する経験を積ませること」を重視しており，いわゆるOJTの実務の中で後継者を育成することに重点を置いている。次いで，「後継者に社外で経験を積ませること」や「後継者には実務以外の学習系経験を積ませる」といった，社外での育成も重

【図表7-1】後継者の育成方法で重視すること

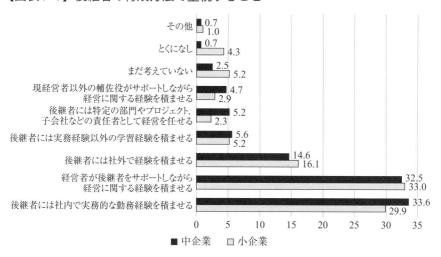

(出所)日本政策金融公庫総合研究所「日本公庫総研レポート中小企業の事業承継」
（2010）より筆者作成

視している。

　社内・社外での後継者の具体的な育成方法にどのような例があるかを示すと図表7-2のようになる。社内では，後継者を各部門にローテンションさせることにより，それぞれの部署の経験と知識を習得させることができる。とくに経理部門を経験させることは，会社の資金の流れ等を理解する上で重要である。また，管理職などの責任ある地位につけることで，経営に対する自覚が生まれることも期待できる。さらに，社外の取引先・顧客に対しても，後継者であることを明示することもできるため，後継者の教育的な側面だけでなく関係者への根回しという意味でも有効である。なお，ローテーションの実施に際しては，後継者本人の自覚だけでなく，従業員側にも時間をかけて後継者を受け入れる準備ができる。

【図表7-2】社内・社外での後継者の育成方法例

社内での教育方法	
教育例	効果
各部門をローテーションさせる	経験と知識の習得
責任ある地位に就ける	経営に対する自覚が生まれる
経営者による指導	経営理念の引継ぎ
社外での教育方法	
教育例	効果
他社での勤務を経験させる	人脈の形成・新しい経営手法の習得
子会社・関連会社等の経営を任せる	責任感の醸成・資質の確認
セミナー等の活用	知識の習得，幅広い視野を育成

（出所）中小企業庁（2017）「経営者のための事業承継マニュアル」p.22

　経営者による指導は，とくに経営理念の引継ぎを行うことが効果的であると指摘されている。本書の序章の事例でもあるように，積極的に経営者から後継者に経営理念を引継ぐことで様々な効果が期待できる。一般的に，親子で事業承継を行う場合には，経営理念を言葉に出して引き継ぐことには照れくささがあるかもしれない。また，中小企業の中には，経営理念が明文化されていない場合もある。しかしながら，企業に根付いた理念を，事業承継を機に言葉として形に残して後継者に引き継ぐことが重要である。さらに，その経営理念を従業員に伝えて，それを徹底的に社内に浸透させ，従業員がその理念を具現化できるよう全員参加型経営に活かしていくことが望ましい。

　つぎに，社外での後継者育成方法を見ると，社外での勤務を経験することで人脈の形成・新しい手法の習得に繋がることが期待できる。また，子会社・関連会社などの経営を任せることで，責任感が醸成され，経営者としての資質を確認することができる。自分の裁量で仕事ができることの喜びも得られ，既に確立している社内の主要事業では体験できない

【図表7-3】社外セミナー等の後継者教育機関例

経営革新塾	商工会・商工会議所	・新事業展開等を目指す若手後継者などを対象に経営戦略，組織マネジメント等の知識・ノウハウ等，経営革新に役立つ知識を約20〜30時間で習得する講座。 ・経営革新の必要性とその進め方，経営革新成功事例研究，経営環境分析，事業戦略構築，経営革新のための戦略プラン作成など，経営革新に必要な実践的内容について，経営コンサルタント，中小企業診断士，専門家による講義・演習を行う。	5,000円程度
経営後継者研修	中小企業大学校（東京校）	・次代の経営者を目指す経営後継者に必要な基本的能力や知識を実践的に習得できる。例年10月第1週から翌年7月第4週目までの10ヵ月間，全日制のカリキュラムを実施している。 ・自社分析を軸に座学で習得した知識や知識を応用する演習，実習から得た現場の知恵などをもとに，あらゆる角度から自社を徹底的に見つめ直す。また，各自社分析の結果を踏まえて，自社および自身の将来構想とそのアクションプランを描くゼミナール論文を作成する。	平成29年10月開講コース 126万円 （教材費・税込） ※土日祝日・年末年始等を除き毎日研修を実施。 午前9時40分〜午後4時40分
事業承継セミナー	法政大学IM総研ファミリービジネス研究部会	・事業承継を控えた後継者に焦点を当て課題解決のヒントを提供するため，継続的に事業承継の専門家や当事者の方たちに知識や経験を語っていただく機会を設けている。 ・本セミナーの特徴は，事業承継における当事者の中でもとくに「後継者」に焦点をあてている点である。セミナー講師も2代目や3代目といった「後継者」の方を中心にご登壇していただいている。	無料
経営専門職大学院	法政大学経営専門職大学院	・育成する人物像は，後継経営者の育成である。育成する人材は，「自立型ビジネス・イノベータ」。その育成のために，現在のIT社会における先端を知り，事業を構想する見識を養い，ビジネスを実践する基盤的な能力を身に付けて「プロジェクト」を行うのが特徴。 ・発表に際して，大企業やベンチャー企業の経営者やベンチャー・キャピタリストを呼んで，様々な意見を述べる。机上の空論ではなく，現実に実行できるプロジェクトの作成を目指す。 ・ビジネススクールは，自分とは異なる業界で活躍する人や企業経営者が学生として集まる場所。今までとは異なる新たなヒューマン・ネットワークを構築することが可能。	1年制239万 ※要確認

(出所) 中小企業庁（2017）「経営者のための事業承継マニュアル」p.22を元に筆者加筆修正

新しい取組みを試すこともできるかもしれない。そのようにして実績が社内外に周知された状態で後継者として経営者に就任する方が，従業員の納得感を得られるのではないだろうか。また，子会社・関連会社で働いた部下は，下積みから苦楽を共にすることで後継者の右腕経営者になることも期待できる。

　社外セミナー等の後継者教育機関の活用も有効な選択肢の一つである。社外セミナーには様々なものがあり，専門知識を習得しながら幅広い視野を育成することができる。図表7-3に外部セミナーなどの例を示した。商工会・商工会議所が行っている経営革新塾，中小企業大学校が行っている経営後継者研修の他，経営専門職大学院や研究会などがある。

3. 従業員研修の意義

　序章で事業承継に成功している中小企業の事例を紹介したが，これらの企業においては，経営理念を明確にし，従業員に浸透させることで全社員の力を一つの方向に向けて結集している。事業承継と経営理念の浸透は，一見すると直接関係ないように見えるかもしれないが，強いリーダーシップを持った先代経営者から後継者に事業承継した後に，企業を成長させるためには，改めて，経営理念を見つめ直して従業員にも経営者としての視点を持たせることが重要になる。事業承継を円滑に進めるにあたっては，従業員から理解を得ておくことが大切になる。図表7-4に従業員からの理解の程度と先代からの引継ぎ状況を示した。

　これを見ると，一般社員からの理解が得られている企業ほど先代からの経営引継ぎが容易であったことが分かる。当然ながら，従業員からの理解は重要である。

【図表7-4】後継者の一般社員からの理解と先代からの引継ぎ状況

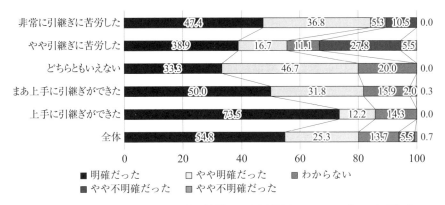

(出所) 独立行政法人中小企業基盤整備機構 経営支援情報センター（2006）「統計データ分析による円滑な事業承継の要因の仮説検証」p.59より筆者作成

　また，事業承継に際しては，後継者のみならず，従業員にも不安と希望が入り混じる中，後継者が経営理念という先代から引き継いだ旗を掲げ，社員を引っ張っていく姿に，従業員は進むべき方向性を見出すことができる。その姿を見ることで，後継者も先代から引き継ぐ責任の重圧と共に，周りからの期待を感じることができる。図表7-5「先代社長の経営理念の明確さと先代からの経営引継ぎ状況」によると，先代社長が経営理念を明確にしている企業ほど先代からの経営の引継ぎが円滑に進められていることが分かる。

　従業員教育のプログラムを考えたことがない中小企業のために，教育プログラムの作成，運営，実施等の具体例を第5節以降に紹介する。また，実際に事業承継のタイミングで従業員教育を行った後継者の感想も事例として紹介する。ただし，まずは，研修を実施するための費用に関して，助成金の活用の可能性を紹介する。

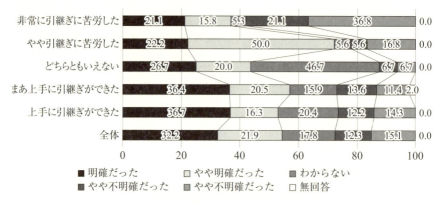

【図表7-5】先代社長の経営理念の明確さと先代からの経営引継ぎ状況

（出所）独立行政法人中小企業基盤整備機構 経営支援情報センター（2006）「統計データ分析による円滑な事業承継の要因の仮説検証」p.51より筆者作成

4. 助成金活用の検討

　従業員への研修にかける費用が負担だという考えを持つ経営者は多い。また，社外のプログラムが実際に自社に役に立つのかという懐疑的な考えを持つ経営者も少なくない。この点，社外研修の講師と綿密な打ち合わせを行い，自社に会った研修プランを作成することが可能であり，以下に紹介するような助成金を活用することで，研修費用を軽減することができる。

　研究開発や設備投資に関する助成金や補助金については，知っている経営者も多い。しかしながら，従業員教育への支援策については，ほとんど知られていないのが実情である。このような助成金の情報は，経営者が自分から積極的に情報を取りに行くべきである。実は，助成金は全国に約3,000種類もあるといわれている。その中には，従業員教育の支援に用いることができるものがある。たとえば，『人材開発支援コース

（一般訓練コース，特別訓練コース）』がある。以下に，支給要件等の条件を紹介する。ただし，助成金は，条件が毎年変わる可能性があるので，詳細な条件については，必ず関係機関への確認が必要である。図表7-6に，人材開発支援コース（一般訓練コース，特別訓練コース）の助成金が受給できる事業主の条件を示す。

【図表7-6】助成金が受給できる事業主

- 雇用保険適用事業所の事業主であること
- 支給のための審査に協力すること
  ＊支給または不支給の決定のために審査に必要な書類を整備保管しておくこと
  ＊支給または不支給の決定のために審査に必要な書類などを提出，管轄労働局などから求められた場合に応じること
- 申請期間内に申請を行うこと

（出所）平成30年度 雇用・労働分野の助成金のご案内（詳細版）（2018）p.8から著者改定（2018年4月厚生労働省・都道府県労働局・ハローワーク・（独）高齢・障害・求職者雇用支援機構・（独）労働者健康安全機構・（独）勤労者退職金共済機構）

　支給を受けるためには，雇用保険適用事業所である必要がある。また，公的な補助金，助成金は申請期限や，書類の不備があると受付ができないので注意が必要である。なお，不正受給が問題になることもあるため，労働局に協力を求められた際は協力することが必要である。
　さらに，人材教育に用いる助成金を活用するには図表7-7の条件が求められる。
　人材開発支援助成金の給付を受けるには，事業内職業能力計画を作成しておくことが必要になる。この点，第6章で解説した事業承継計画書で対応することができる。

【図表7-7】人材開発支援助成金の受給できる事業者

- 労働組合等の意見を聴いて事業内職業能力開発計画およびこれに基づく年間職業能力開発計画を作成し，その計画の内容を労働者に周知していること
- 職業能力開発推進者を選任していること
- 従業員に職業訓練等を受けさせる期間中も，所定労働時間労働した場合に支払う通常の賃金の額を支払っていること（育児休業中の訓練，海外の大学院，大学，教育訓練施設等で実施する訓練を除く）
- 支給対象経費を**事業主が全額負担**していること（グローバル人材育成訓練において，海外で実施する訓練費用（住居費・宿泊費・交通費）を除く。）

（出所）厚生労働省・都道府県労働局（2018）「平成30年度 人材開発支援助成金のご案内」p.25から著者抜粋

【図表7-8】事業内職業訓練計画の記載事項，例

- 経営理念・経営方針に基づく人材育成の基本的方針・目標
- 昇進昇格，人事考課等に関する事項
- 職務に必要な職業能力等に関する事項
- 教育訓練体系（図，表等）

（出所）厚生労働省・都道府県労働局（2018）「平成30年度 人材開発支援助成金のご案内」p.25から著者抜粋
平成30年度 人材開発支援助成金のご案内（2018）p.11から著者改定（2018年4月 厚生労働省・都道府県労働局）

　具体的な事業内職業訓練計画の記載事項を図表7-8に示した。「経営理念・経営方針に基づく人材育成の基本的方針・目標」を記載する必要があるが，これは，第5章で解説した「自社の方向性を再定義」した結果を示せば十分である。また，従業員の昇進昇格，人事考課等に関する事項，職務に必要な職業能力等に関する事項，教育訓練体系（図，表等）を整合的に記載することが求められる。本書で紹介したステップに沿って，事業承継計画を準備し，事業内職業訓練計画段階から先代，後継者，右腕経営者とで議論しながら作成することが望ましい。

従業員の研修に助成金の適用を受けるには，通常の賃金を支払っていることや，研修費用等に関して事業者が一度全額費用負担している必要がある。研修実施後に国から定額の支給を受けられる場合があり，従業員とは雇用契約書などを締結している必要がある。従業員との契約形態は，有期雇用契約，無期雇用契約，正規雇用契約等の雇用契約などがあるが，雇用契約書を各従業員と取り交わすことを就業規則に記載し，従業員に周知していることが求められている点には注意が必要である。

【図表7-9】助成額（特別育成訓練コース・有期実習型コース）

Off-JT	賃金助成	●Off-JT分の支給額…1人1時間当たり760円<960円>（475円<600円>） ※1人当たりの助成時間数は1,200時間を限度
	訓練経費助成	【一般職業訓練（育児休業中訓練），有期実習型訓練】 ※中小企業等担い手育成訓練は対象外 100時間未満10万円（7万円） 100時間以上200時間未満20万円（15万円） 200時間以上30万円（20万円）
OJT	訓練実施助成	●OJT分の支給額実施助成…1人1時間当たり760円<960円>（665円<840円>） ※1人当たりの助成時間数は680時間を限度（中小企業担い手育成訓練は1,020時間（訓練計画届に記載される資格等を取得できない場合は680時間））

※（　）内は生産性要件を満たした場合。<　>内は中小企業以外
（出所）厚生労働省・都道府県労働局（2018）「有期実習型訓練のご案内」p.10から筆者改定（2018年4月）

　以下に紹介する助成金は，非正規雇用（有期社員）を対象にした研修コースで特別訓練育成コース・有期実習型コースである。これはOff-JTとOJTを組み合わせた研修になる。Off-JTとは生産ラインまたは就労の場における通常の生産活動と区別して業務の遂行の過程外で行われる事業内または事業外の職業訓練のことである。これに対して，OJTと

は適格な指導者の指導の下，事業主が行う業務の遂行の過程内における実務を通じた実践的な技能及びこれに関する知識の習得に係る職業訓練のことである。助成される金額の種類としては，賃金助成，訓練経費助成，訓練実施助成の3つからなる。図表7-9に具体的な助成金の内容を示した。企業ごとに置かれている状況が異なるため，専門家に確認しながら手続きを行うことが望ましい。

5. 研修プログラムの具体例

(1) 独自プログラムのメリット

外部の研修プログラムを活用することも社員教育において十分な意義がある。とくに社外の人材と共に受講することで豊富な人脈を作ることが可能である。ただし，その研修内容が必ずしも自社に適合していないことがありうる。そこで，自社独自の研修プログラムを作成し，企業内で実施していくことも視野に入れるべきである。

独自プログラムを作るメリットは，以下の2つが考えられる。1つ目は，経営者や後継者が外部の研修担当者と打ち合わせる過程で，事業承継についての理解が深まる点である。プログラムをすり合わせしていく過程で，自社の理念の見直しだけでなく，今後の会社の成長について考えるきっかけになる。自社の経営課題や強みを踏まえ，今後の経営の優先順位をつけていくことが可能になると考えられる。

2つ目は，自社に合った研修を実施できることである。集合研修のタイトルやスケジュールだけでは，詳細な内容を確認することは難しい。例えレベルの高い内容であっても，自社が本当に求めていたものとは異なる場合もある。逆に，極めて基礎的なレベルの内容も考えられる。会社の意図とそぐわない研修に行くと従業員のモチベーションも下がり，

後継者の思いを社員に伝え，人材育成していく意図とはかけ離れてしまう。

多少の時間と手間がかかるが，自社のあるべき姿を描き，課題を整理したうえで，「引き継ぐこと」と「変えていくこと」を明確にした上で個別に研修プログラムをカスタマイズしていく事も選択肢の一つである。

(2) プログラム作成の事前準備

研修プログラムを作成するに際しては，研修の担当講師と後継者との間で詳細な打ち合わせを行うことが望ましい。その前に，自社の課題の洗い出しを行っておくと効率的に進めることができる。事業承継計画書を作成する際に「あるべき姿」を考えておくことが必要であることは既に述べたが，社内で議論しながら，自社の現状を課題と今後のあるべき姿とに分けて整理することが重要である。研修の打ち合わせ前に提示すべき「今後の企業のあるべき姿」の例を図表7-10に示す。

【図表7-10】今後の企業の「あるべき姿」の例

変える所
・ミスの予算化
・海外展開の考え方 　（生産拠点⇒営業拠点）
・権限委譲
・教育に力を入れたい，生え抜き社員を上にあげたい，教育に力を入れたい 　（中卒，高卒の社員が多い，上につく人を外から雇う）
変えない所
・何度でも出戻りができる
・家族が社内のイベントに参加できる
・家の事情を考慮できる‥‥特別な理由ならばOKを出す
・自社の商品を創る

(出所) 筆者作成

【図表7-11】課題のマッピング例

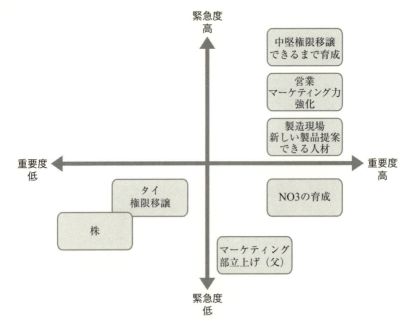

(出所) 筆者作成

　あるべき姿を導き出した後に，課題をマッピングすると，教育すべき点が明確になる。図表7-11に課題のマッピング例を示した。マッピングの方法にも色々あるが，緊急度と重要度のマトリックスを用いている。

　以上のように経営者や後継者との打ち合わせを通じて，研修プログラムを企画していく事は，今後の企業の方向性を改めて考えるうえで重要な契機となり得る。

(3) 実際の研修プログラム例

　独自の研修プログラムとはどのようなものだろうか。ここでは，それ

をイメージできるように筆者が実際に行った研修プログラムの一例を示す。図表7-12に筆者が担当した研修の対象者を示す。幹部社員のみならず，オブザーバーとして後継者が入っている。研修講師は，メイン講師とアシスタントの2名体制で行った。

【図表7-12】研修参加者一覧

```
技　　術：3名
製　　造：8名
品質保証：3名　合計 14名
別途オブザーバー：2名（後継者，人事部長）
チーム1：A（製造次長），B（製造主任），C（技術），D（製造），E（技術）
チーム2：F（品証課長），G（製造係長），H（製造主任），I（品証）
チーム3：J（品証部長），K（技術係長），L（製造LD），M（製造），N（製
　　　　造）
```

（出所）筆者作成

　つぎに，研修の流れを図表7-13に示す。後継者と打ち合わせの上，今後の企業成長に必要な課題として新商品開発という課題が抽出された。そのため，研修の目的は，商品開発のプロセスを学び，製造・品質管理部門の人材の視野を広げる教育につなげていくことにした。

　最終的には，同社も各社員が新商品開発へのアイデアを提案するような全員参加型経営の実現を目指している。そのため，商品開発に関することだけでなく，経営理念についても，根本的な部分まで研修で取り上げた。

　このように後継者の意思を経営理念に遡って説明することは重要である。また，外部の専門家から，経営理念や経営者の意思について表現を変えて説明することで，従業員の経営理念への理解を深め，社内に浸透してくことが可能になる。

【図表7-13】研修プログラム

・本日の流れの説明
・講師紹介
・研修の目的・ゴール
・商品開発のプロセスとポイント
・戦略の必要性
・自社経営理念の振り返り
・全従業員参加型経営の重要性
・ビジネスチャンスとは
・自社の強みとは
・デザイン思考とは
・ワークショップ：自社の強みを分析しよう
・ワークショップの手順説明
・ワークショップ実施（50分）
・成果物発表（1回5分×3チーム）・講評

（出所）筆者作成

(4) 研修に対するアンケート結果

　研修後には必ずアンケートを実施しておきたい。複雑なアンケートである必要はない。図7-14に筆者が研修後に行ったアンケート結果を示す。

　研修の目的である従業員へ理念の浸透，視野の拡大などを直接聞くことも可能であるが，それでは，従業員への押し付けと感じられるかもしれない。そこで，ここでは，敢えて自由回答形式を用いた。

【図表7-14】研修後のアンケート質問例

感想：自由記述方式
(1) 研修は理解できましたか？
(2) 今後の活動においてどのような学びや気づきがありましたか？

（出所）筆者作成

【図表7-15】研修後のアンケート回答抜粋

研修は理解できましたか？
・本研修における新製品創出へのアプローチ方法において「経営理念」からのアプローチというのは，正直，斬新であった。 ・自社製品でのアプローチの理解は当初から理解はできていたが，「経営理念」まで遡り，新製品を創出する為のプロセスを考えることは，確かに筋道としては正しいと感じた。
今後の活動においてどのような学びや気づきがありましたか？
・市場を考える際の視野が広がりました。お客様やユーザーや競合他社だけでなく世界情勢やトレンドなどの情報にも自社製品の創出のチャンスがあると気付きました。 ・普段の生活の中でも，視点を変えたものの見方からヒントを得て今後の加工の中に生かしていきたいと思います。 ・土台（自社の経営理念）がないと個々が色んな方向へ向かってしまい，経営理念の意味をしっかりと理解することができた。目的とゴールをしっかりと決めることで途中，わからなくなったときに方向性，やるべきことを見失わず，方向修正が可能になる。 ・少しのきっかけで変化に気づくということ。視点を変えることで固まっていたことが柔軟になること。どんなに小さなことからでも本人次第で学べるということ。 ・チームで話し合い，意見を出し合うことで思いもよらない気づきがあり，それがアイデアとして生み出されていくのだと実感できた。 ・自分自身のアイデアのきっかけとなること，チームのみんなに気づきを与えられるよう努めていきたいと思う。 ・先日は商品開発プロセスの研修を行っていただき，誠にありがとうございました。

（出所）筆者作成

このような簡単なアンケートでも，多くの従業員は詳細に答えてくれる。図表7-15は，実際に筆者が行った研修に参加し，アンケートに回答された方からのコメントの抜粋である。

とくに，経営理念があっても今まで意識しておらず，日々の業務に取組んでいたという回答が多かった。先代から続く経営理念を意識するこ

とで，従業員一人一人に方向性を示すことが重要であり，それぞれが能動的に働くことによって全員参加型経営を実現することが期待できる。

6. おわりに

　本章では，事業承継の最後のステップである社員教育について説明を行った。社員への教育は事業承継と直接関係ないとも思えるが，中小企業の後継者の多くが，社内をまとめあげていくことに苦労していることを見聞きする中で，これを乗り越えるためには，役員や従業員の意識を変えることが極めて有効な方法論の一つであると考えている。

　もちろん，社員教育はすぐに効果が表れるものではない。しかしながら，後継者として企業を一つにまとめていこうとする姿勢や，外部の第三者も交えて企業の成長に向けて努力していることを社内に示すことができる。また，すぐに全員参加型経営を実現するのは難しいかもしれない。それでも，経営者が交代したこと，そして，その後継者が今後の成長に向けて努力をしていることを従業員に実感させるためにも，独自の教育プログラムは有効な選択肢の一つになるであろう。

おわりに

今後の事業承継支援の在り方

本書は，今後，日本の多くの中小企業が事業承継できずに，廃業に追い込まれてしまうと予測されている状況において，少しでも中小企業の事業承継の支援に役立ちたいと考え，執筆したものである。事業承継には，既に政府のみならず産業界を挙げて，様々な支援策が提示されている。また，具体的な事業承継の方法を紹介した文献も数多く公表されている。しかしながら，それらの文献の多くは，株式，事業用資産の譲渡など目に見える有形資産の承継を中心に解説されている。もちろん，これら有形資産の譲渡は，事業承継において重要であることは間違いない。しかし，筆者らは，目に見えない無形資産の承継にこそ，事業承継において，大きな課題があると考えている。目に見えない資産の承継とは，経営理念，技術やノウハウ，顧客やサプライヤーとの関係など，経営そのものを次の経営層に引き継ぐことである。このような知的資産を誰にどのように引き継ぐのかが事業承継の大きな課題であるが，本書では，とくに中小企業白書のアンケート結果でも大きな課題として示されているように，後継者及び後継者を補佐する人材の確保と育成という課題に焦点を当てて執筆を行った。

　今一度，具体的に本書の内容を振り返ってみよう。本書は，事業承継を行うための具体的な7つのステップを第1章から第7章まで説明した。第1章では，事業承継の方針の決定である。現経営者が事業承継を思い立ったら，まずは，事業承継の方針を決定する。ただし，いきなり，現経営者が事業承継計画の方針をすぐに検討するのは難しい。第1章でも，独自で事業承継計画の方針を立案することを勧めていない。既に事業承継を支援する機関は数多くあり，まずは，現経営者が事業承継を思い立ったら，それらの支援機関，あるいは既に相談相手となっている税理士や中小企業診断士などの専門家に相談しながら，事業承継の方針を策定することが望ましい。

【図表終-1】事業承継7つのステップの流れ

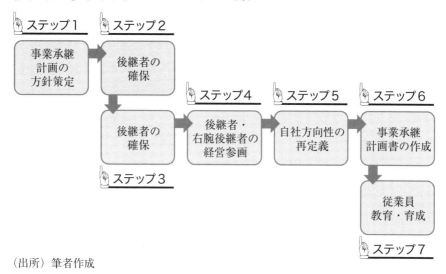

（出所）筆者作成

　事業承継の方針が決まったら，具体的な後継者を確保することが必要である。その重要性については，第2章で述べた。子や孫などの親族が第一候補となるが，近年は，親族以外にも承継することが多いことも視野に入れておかなければならない。親族以外の候補者としては，親族以外の役員や従業員となるが，候補者が想定されていても，可能な限り早めに現経営者から明示的に候補者に後継の意向を確認し，了承を得ることが求められる。さらに，自社の役員や従業員も後継者として難しいということであれば，M&Aという選択肢も近年は有効な事業承継の方法であることも理解しておく必要がある。

　また，運良く，後継者を確保することができたとしても，安心することはできない。事業承継の隠れた最大の課題は，後継者を補佐する人材がいないことだとアンケート結果が示している。そのため，後継者の右腕を見つけることが必要である。この点を第3章で詳しく説明した。現

経営者と後継者が親族関係にある場合には，気脈が通じ合うことが多い反面，感情がこじれると事業承継はまったく進まない。反対に，親族以外の他人が事業を承継するにあたっては，互いの信頼関係を醸成するまでに時間がかかる。そこで，円滑な事業承継の進行役として経営の補佐者である「右腕経営者」の果たす役割が非常に大きい。実際に序章や他の章でも紹介した事業承継の成功事例においても，右腕経営者の存在が後継者の大きな助けとなっている実例が示されている。

そして，第4章では，後継者と右腕経営者を確保した後に，将来の経営者としての教育と育成の必要性を述べた。現経営者は既に何十年も経営者として力を発揮しており，場合によっては，一から企業を立ち上げた「起業家」でもあることが多い。このような素晴らしい経営者が期待する「経営者としての能力」は非常に高いと考えられるが，そのような能力を既に有している後継者や右腕経営者がいる可能性は低い。むしろ，このような後継者や右腕経営者がいると考える方が間違っており，できるだけ早期に経営に参画させ，外部の教育機関に派遣して人的ネットワークを構築させるなどの教育・育成を行うことが必要である。また，さらに可能であれば，第7章でも述べたように，後継者及び右腕経営者のみならず，教育・育成の対象を広げていき，極端に言えば，全従業員が経営者の目線を持って積極的に活動していく全員参加型経営を目指すことが望ましい。

ある程度，後継者や右腕経営者が育ってきたと考えられた時点で，現経営者も交えて，今後の方向性を検討することが求められる。第5章で述べた「自社の方向性の再定義」である。現経営者がいなくなった後に後継者と右腕経営者が漫然と経営していくだけでは，事業承継後の企業の成長が望めない。経営者が交代することを一つの機会に今後の自社の方向性を再定義し，目指すべき将来像を設定することが重要である。不

動産や株式等の目に見える資産，従業員をはじめとする人材に加え，経営理念や顧客情報，ノウハウなどの見えない知的資産を指して事業承継の三要素と呼ばれていることは繰り返し述べた。その中でも，とくに，経営理念は重要である。また，理念は，企業の行く道を示す羅針盤のように例えられることが多いが，理念を掲げるだけで，組織に浸透していない企業も数多く存在する。そのような企業では，経営者と従業員との間に大きなギャップが生まれ，経営理念は形骸化してしまうことが多い。事業承継を一つの機会と捉え，経営理念や自社のノウハウなどを見直し，従業員に浸透させるだけでも，事業承継後の成長の礎を築くことが可能になると考えられる。

　以上のステップを終えてから，事業承継計画書の作成に取り掛かることが望ましい。第6章では，事業承継計画書の作成について，具体的な方法論を紹介した。目に見える資産の承継のみならず，無形資産も含めて，事業そのものの「見える化」「磨き上げ」のために，事業の評価方法，優先順位付け，計画表への記入例など一連の過程を示した。計画書作成の前提となるBCPやリスクマネジメントの視点と，事業承継を計画書にすることによる税制上や補助金申請等の適用を受けるメリットなども説明している。

　一般的には，事業承継計画書の作成方法を紹介した段階で事業承継の説明が終わるはずである。しかしながら，本書は，事業承継の最後のステップとして，後継者，その他役員のみならず，従業員も教育・育成することを提案している。一見すると，従業員の教育は，事業承継と直接関係のないテーマと思われるかもしれないが，筆者らは，事業承継の後に企業が持続的に成長するために必要なプロセスと考えている。本書で繰り返し述べているが，事業承継は，有形資産を承継するだけで終わりではない。経営を引き継いだばかりの後継者の多くは，その後に社内を

まとめあげることができず，企業の成長を実現する前に大きな壁にぶつかることが多い。端的に言えば，多くの中小企業の事業承継の実体は，今まで強いリーダーシップを発揮していた経営者から，経営者としての経験が乏しい後継者に経営が移行することである。一方，従業員にとって，事業承継は「他人事」である。そのため，従業員が新しい経営者と一丸となって努力すると簡単に期待できる状況ではない。この状況を打開するためには，事業承継を機会に，従業員の意識を大きく変え，できれば，それぞれ経営者の視点を持って積極的に貢献するように変革することが求められる。後継者，その他役員のみならず，従業員を教育する必要があり，これを事業承継の最後の仕上げのステップに位置づけた。

本書は，事業承継を実践的に研究する大学教員と中小企業診断士が，事業承継において最も重要な課題とされる事業承継後の後継者及びそれを補佐する右腕経営者に焦点を当てて，具体的な事業承継のためのステップを紹介した。これらの内容が，今後の日本の中小企業の事業承継に役立てば幸甚である。

最後になるが，株式会社同友館出版部・佐藤文彦氏には，出版にあたり，様々なアドバイスを頂いた。ここに感謝申し上げる。また，序章の事例紹介においては，大協技研工業株式会社・大山純平社長，マテックス株式会社・松本浩志社長，株式会社中北電機・佐藤孝文常務には大変ご尽力頂いた。心から感謝を申し上げたい。

【著者略歴】

玄場公規（げんば　きみのり）・・・・・・・・・・・・・・・・・・・・・・・・・・　第2章，第4章執筆
法政大学大学院イノベーション・マネジメント研究科・教授。大阪大学大学院工学系研究科・招聘教授。東京大学学術博士。三和総合研究所研究員，東京大学大学院工学系研究科助手，東京大学工学系研究科アクセンチュア寄附講座助教授，スタンフォード大学客員研究員，芝浦工業大学大学院工学マネジメント研究科助教授，立命館大学大学院テクノロジー・マネジメント研究科副研究科長・教授を経て，現職。著書『理系のための企業戦略論』（単著，日経BP社），『製品アーキテクチャーの進化論』（共著，白桃書房），『ファミリービジネスのイノベーション』（共著，白桃書房），『イノベーション戦略入門』（単著，アマゾンキンドル出版）ほか。

内田　聡（うちだ　さとし）・・・・・・・・・・・・・・・・・・・・・・・・・・　序章，第7章執筆
中小企業診断士，MBA。法政大学大学院イノベーション・マネジメント研究科卒。法政大学大学院イノベーション・マネジメント研究科特任研究員，法政大学ファミリービジネス研究部会幹事。大手楽器店を14年勤務。マネージャー，店長，販売員でそれぞれトップセールスの成績を残し，独立。公的機関にて「後継者としての会社作りセミナー」等多数実施ほか。「後継者の会」を幹事として企画，運営している。

栗原浩一（くりはら　こういち）・・・・・・・・・・・・・・・・・・・・・・　第1章，第6章執筆
中小企業診断士，MBA。2018年3月法政大学大学院イノベーション・マネジメント研究科修了，同年4月より同研究科特任講師及び特任研究員。デザイン事務所に勤務した後，法律事務所へ転職し外国人の日本在留サポートのコンサルタントとして約10年勤務。就労に係る在留資格の取得から複雑なLGBTに係るケースまで年間500件近くの案件に携わる。在日米国総領事のスピーチ通訳，宇宙開発事業関連の文書翻訳など，日英／英日の通訳・翻訳歴は足掛け約20年。TOEIC受験者向け学習書など著書9冊。

山田直樹（やまだ　なおき）……………………………… 第3章，第5章執筆

志縁（しえん）経営司法書士事務所代表。司法書士・中小企業診断士，MBA。中央大学法学部法律学科卒業。司法書士事務所勤務を経て伊藤忠ビジネスコンサルティング株式会社（現・伊藤忠フィナンシャルマネジメント株式会社）入社。元・同社ビジネスサポート部長。伊藤忠グループ会社の設立，組織再編，株主総会等の法務手続を22年以上にわたり年間100社以上担当。商取引法務・コンプライアンス・会社法セミナーなどの企画及び講師担当。2018年3月末に法政大学大学院イノベーション・マネジメント研究科卒業，現在同研究科特任講師。

2019年4月15日　第1刷発行

後継者・右腕経営者のための事業承継7つのステップ

　　　　　　　　玄場公規
Ⓒ著　者　　　内田　聡
　　　　　　　　栗原浩一
　　　　　　　　山田直樹
　　　発行者　　脇坂康弘

発行所　株式会社 同友館　〒113-0033 東京都文京区本郷 3-38-1
　　　　　　　　　　　　　　TEL.03(3813)3966
　　　　　　　　　　　　　　FAX.03(3818)2774
　　　　　　　　　　　　　　https://www.doyukan.co.jp/

落丁・乱丁本はお取り替えいたします。　　　三美印刷／松村製本所
ISBN 978-4-496-05413-6　　　　　　　　　　Printed in Japan

本書の内容を無断で複写・複製（コピー），引用することは，
特定の場合を除き，著作者・出版者の権利侵害となります。